深評東瀛

張遠深時評集

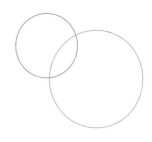

本書會以政權的時段作基本分類

　　本書中的時事文章若提出批評，旨在指出相關制度、政策或措施存在錯誤或缺點，目的是促使矯正或消除這些錯誤或缺點，循合法途徑予以改善，絕無意圖煽動他人對政府或其他社群產生憎恨、不滿或敵意。

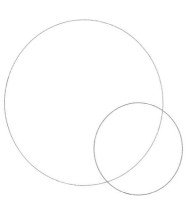

▪ 目 錄 ▪

政治與國際關係

令和 1 年（2019）

日 本 政 治 與 內 閣

社會與人權

——戰略研究學者 袁彌昌博士

與 Kenji 相識於政圈，相熟於日劇、日本政治，是圈內少數能夠稱兄道弟的人。從以前相濡以沫、互相幫助，如今大家都能夠相忘於江湖，不用再譽堯而非桀，實在是一件再好不過的事。

作為評論人士，自然會留意以前 Kenji 在《信報》的專欄，那是我每週掌握日本政壇及社會脈搏的重要途徑。從中發現 Kenji 哈日但不媚日，觀點精闢且客觀，並且很為不熟悉日本的讀者著想。現在把文章合編在一起，讓大家回顧日本政局與社會近年是怎樣一路走來，正好可溫故而知新。

Kenji 有一顆回饋社會之心，卻不會趨炎附勢、顛倒黑白，不會為個人得失而喪失原則，實屬難能可貴，雖為後輩，但亦深感佩服。後來得悉 Kenji 自學日語、無師自通，更覺自愧不如。

本書一定程度代表 Kenji 一個人生篇章的總結，希望他能夠再接再厲，找到新的目標，到時候再與我們分享他的心得。

當然我們每季一日劇、把酒把劇當歌的習慣仍須繼續下去。

戰略研究學者
袁彌昌博士

——政治學者 葉振東博士

　　得知遠深有意為過去，就日本政經發展的評論集結成書，時間橫跨安倍晉三、菅義偉及岸田文雄三位首相時期；作為一位長期從事兩岸關係評論的政治學者，本人實在十分期待。本人雖然曾經多次遊歷日本，亦為津本陽筆下，《改變日本歷史的人》的西鄉隆盛而著迷；但自問對自民黨執政下的日本政經發展認識有限，而日本的政經發展是牽動著東北亞局勢、中美關係，甚至兩岸關係的發展。特別是現時兩岸關係跌至冰點，日本的政策方向，將牽一髮動全身！

　　眾所周知，美日、美台關係，在過去數年已踏入了一個新的台階。無獨有偶，根據 2023 年 12 月 18 日，台北駐日經濟文化代表處針對日本民眾進行的民調顯示，約 77% 受訪者對台灣有親近感，65% 覺得台灣可信賴，接近 73% 認為目前台日關係良好。相反，按 2024 年 2 月 18 日《日本經濟新聞》最新民調顯示，接近 87% 受訪日本人感到中國是「威脅」，約 74% 人「不喜歡」中國，只有 6% 受訪者表示「喜歡」。兩項時間相約的調查，反映日本在中美博弈下，民眾對兩岸的看法迴異；數據可能成為日本政府，在兩岸之間的政策決定根據。本人相信日本在亞太地區，特別是今後兩岸互動，仍然扮演著重要角色；遠深長期的觀察，應該有助各位就中、美、台、日四方角力，作出立體的分析；為「長期向好的基本面不變」口號，作出具說服力的充實。

政治學者
葉振東博士

認識遠深不知不覺已有 10 年，大家都是城市智庫的兄弟。他既是城市智庫時事評論員小組召集人，更是香港少數的日本評論員。

日本從來都是一本難讀的書。它不僅有著獨特的政治文化，更有皇室天皇的傳統制度。遠深透過此書讓讀者認識日本政治、經濟和軍事政策如何影響鄰近地區以及各國世界。見微知著，相信香港可借鑒日本正在經歷的問題如少子化等社會問題，居安思危，提早尋找解決問題的方法。

預祝此書一紙風行，高論紛陳！

是為序。

香港理工大學持續進修學院客席講師

于承忠博士

月旦時政本來已不容易，評析日本世局就要再花功夫，作者兄偏偏選一條艱難之路，寫時評的同工們，包括略懂日語的小弟，自然感受更深，更敬佩欣賞。期待各位讀者同樣如我，會欣賞《深評東瀛》書中各篇，愈讀得深，愈有所得。

城市智庫研究員
吳家俊

　　作者向來對日本文化時政有所研究，他在安倍晉三、菅義偉、岸田文雄三任日本首相任期內的重要時刻和政策措施作出獨到觀察，尤其是對中日政經關係的精準分析，對研究東亞的學者頗具參考價值。作者對時政界的跨地域、跨領域研習，深入淺出，見解精闢，對不同年齡層的讀者也有體會和啟發。我誠意向各位推薦，大家可從作者的著作當中，認識作者寫作時的心路歷程，對世界觀和地緣政治有所思考，作者或將成為各位讀者在國際研究觀察的啟蒙老師。

資深時事評論員
朱家健

香港是國際重要的金融中心，香港人也喜歡到處遊歷，但我們對其他國家的認識卻往往集中在流行文化和吃喝玩樂，對一些較為嚴肅的話題如歷史、政治以至國際關係卻並不熱衷。要讓國際金融中心更進一步成為國際的大都會，香港人需要擁有更全面的國際視野。現時中國內地興起的區域國別研究，其實也是希望透過深入研究各個國家，讓國人能夠擁有能夠面對未來挑戰的知識庫。

張遠深一直以來筆耕不絕，針對日本政治及文化作出深入的評論，是香港人能夠深入了解日本的重要渠道。喜聞他將評論結集成《深評東瀛》一書，當中包含了對日本三位首相安倍晉三、菅義偉和岸田文雄在任期間的政策評論。我相信這本書能幫助香港人更深入了解日本這個近鄰的政治和文化，補足我們對這個近鄰該有的知識。

我期望有更多的評論員能夠加入區域國別的研究，對亞洲以至世界各區域及重要國家都有更多有水準的評論及分析，使香港人有渠道可以擴闊國際視野。最後亦要恭喜張遠深出版《深評東瀛》一書，希望他能繼續為香港人帶來更多對日本政治文化的高質評論，讓我們有機會持續深入了解這個國家。

香港青年時事評論員協會副主席
甘文鋒

　　當我準備就這本《深評東瀛》時評集寫下感受之時,我不禁回想起我自己的背景和人生旅程。作為一名擁有 3 名孩子的時評人,我一直以來都追求著政治夢想。然而,命運的捉弄將我引入到一個全然不同的領域,寫作和時事評論的路途。

　　從一開始,我的寫作方向並非以撰寫日本的時評為主,然而,我始終對日本充滿著熱愛。日本的文化、歷史和一切事物都與我產生了某種特殊的連結。我從小就有機會接觸到日本的人事及潮流風尚,這種接觸深深地影響了我對日本文化的熱愛和興趣。我相信這一點一滴亦成為我撰寫關於日本的時事評論的動力之一。

　　當我決定要將我對日本政治的觀察和看法寫出來時,我知道這是一個巨大的挑戰。這本書的出版不僅僅是對我自己的一次紀錄,更期望我的子女們能夠像我一樣追逐自己的夢想,不論那個夢想是什麼。我相信,無論我們的夢想是什麼,都應該勇敢地去追求。

　　在這個充滿變化和挑戰的時代,我們需要堅定的信念和勇氣,去追逐我們的夢想並為之奮鬥。我希望這本書能夠成為一個融合了我的個人經歷和對日本政治的觀察的寶貴資源,為那些也追求夢想的人提供指引和啟示。

在這個旅程中，我要特別感謝我的太太。她是我生活中的一個重要角色，為了支持我的夢想，她付出了許許多多。她在我寫作的時候給予了無盡的理解和支持，總是鼓勵我堅持下去。她是我堅強的後盾，是我不屈不撓的動力。沒有她的支持和體諒，我無法想像我能夠走到今天。

最後，我要感謝所有購買這本書的讀者們。你們的支持將使我能夠繼續追逐夢想，並將我的觀察和見解分享給更多人。我希望這本書能夠成為啟發和激勵他人的力量，同時為那些想移居日本的人以及想更深入了解日本的人提供有價值的信息及資訊。

謹向我的太太、家人、朋友和所有讀者們致以最深的謝意。

政治與國際關係

令 和 1 年 （ 2 0 1 9 ）

歷史衍生下來的日韓貿易戰

2019 年 8 月 8 日（信報）

在全球經濟一體化的情況下，國與國之間的角力往往造成全球經濟不穩定，而且對於長遠發展更加是不可取。日韓兩個亞洲大國在近期爆發的貿易戰，其話題性不比中美貿易戰遜色，坊間很多人都認為日韓貿易戰的原點在於第二次世界大戰結束時，雙方在賠償問題上所訂立的《日韓請求權協定》。

兩國爭端 早已種下

我對此不太認同，兩國的爭端早於朝鮮日治時期已經種下。1904 至 1907 年間，大日本帝國強迫當時的大韓帝國簽訂 3 次不平等的日韓協約，令韓國名義上成為日本的保護國（Protectorate），實際上就是殖民地。

在日治的 35 年間，日本採用強硬手法來管治韓國，鎮壓多場朝鮮民族主義運動，而且更推動皇民化運動，希望韓國人認同日本天皇及同化為完全的日本人。為了贏取韓國人的支持，他們在朝鮮修建鐵路、醫院、學校等，短時間成

功令朝鮮人的平均識字率由 1910 年的 10% 提升到 1936 年的 65%。

不過，日方想利用這種塗脂抹粉的手法來淡化各種洗腦式活動，對於民族主義強盛的一眾大韓民族子民是絕對行不通的。加上這種國民式洗腦活動與當年納粹黨種族滅絕沒有分別，日本除了強制廢除朝鮮語之外，更加要求韓國人將其韓式名字改為日式名字，在日本稱之為創氏改名。

對於韓國人民來說，日本用這種高壓方式來統治他們，而且推行多種損害韓國人利益的政策，用意都是將其民族滅絕；這種民族仇恨由當年已經存在，就算在 1945 年日本宣布投降後，兩國在賠償問題上雖然成功達成共識，但對於韓國人民心中的一道傷痕，無論時間如何流逝，都不會磨滅。

觸發今次貿易戰的導火線，正正是源於當年韓國要求日本為其二戰期間強徵多名朝鮮勞工作出合理的賠償。這場徵用勞工訴訟經過 13 年的爭論，最終雙方商定日本提供 3 億美元無償援助、2 億美元有償援助和 3 億美元商業貸款，以此解決受害者索賠問題，而韓國政府則必須放棄索賠權，這正正是近期常見的《日韓請求權協定》中最重要的訊息。

理論上，此協定應該可以完全解決韓國提出的訴訟，但南韓法院在 2012 年首次裁定「個人索賠權並未消失」，由於《日韓請求權協定》中沒有涉及對二戰被日本徵用的勞工進行精神損失賠償的問題，這正正是當年條例中的灰色地帶。

經濟影響 南韓較大

南韓近年常受其高昂的民族主義影響，加上上文提及的國仇家恨，令他們認為可以利用此手段來威脅日本就範，所以在 2018 年開始，多次判決都要求當年強制徵用勞工的日本企業「新日鐵住金」、「三菱重工」等等都必須作出個人賠償。

對於日本來說，南韓這種行為明顯違反了當年的協定，還有點貪得無厭，因此日本參考了美國對於中國的出入口管制策略，對南韓實施嚴格的半導體出口限制，更於今年 8 月 2 日宣布把南韓踢出在安全和貿易友善國家的「白名單」以作報復。

是次日韓貿易戰，對南韓的相關影響較大，由於南韓非常依賴日本生產的半導體，限制出口，會嚴重威脅南韓半導體產業及智能手機供應鏈。未來除了食品、木材之外，幾乎所有對韓出口的產品都必須經由日本經產省個別審核，嚴重影響其經濟增長。雖然南韓當地有很多罷買日貨行動及停飛日本的航線，但這種行動對日本來說影響不大，而且日本大部分市民對是次對南韓作出的限制行動都表示支持。

今次日韓貿易戰可以說是戰後雙方關係最緊張的時刻，並且不會在短時間內可以解決，兩國將繼續互相攻擊來達致其政治目的，特別在於南韓將於 2020 年 4 月舉行國會大選，繼續攻擊日方以凝聚一班愛國選民的支持，會是南韓總統文在寅當前首要的政治任務。

日韓貿易戰的啟示

2019 年 8 月 12 日（信報）

日本與南韓兩大亞洲民族，多年來經常就歷史遺留下來的問題而爭執，當中包括慰安婦問題、徵用勞工問題等等。我認為以上問題可以用理性方式討論，但今次雙方在貿易行動上的行為有點兒衝動，而且是別有目的才會爆發這場日韓貿易戰。

安倍凝聚支持推動修憲

南韓在這場貿易戰中，明顯處於下風。日本實施嚴格的半導體出口限制，更把南韓踢出在安全和貿易友善國家的「白名單」，對於南韓的高科技產業來說，是非常大的衝擊。我認為日本假借徵用勞工賠償一事來作報復，一方面是希望打擊南韓威脅日本的亞洲地位，另一方面是安倍晉三政權想利用兩族歷史上的仇恨來凝聚國民的支持，用以爭取推動修憲的工作。

最初，日本經濟產業省先對出口南韓的電子原料加強管制，當中包括的含氟聚醯亞胺（Fluorine Polyimide）、光阻劑（Resist）及蝕刻氣體（Etching Gas）等原料，都是半導體

和有機發光二極體（OLED）面板的關鍵材料，由於日本是這些材料的主要輸出國，市場佔有率超過九成，所以日本有條件用這事來作談判的籌碼；而眼見雙方談不上什麼合理條件，就再把南韓踢出「白名單」，把南韓放在一個非常危險的位置，可以見到日本一步一步的部署都非常精細。

事件發生後，南韓即時爆發大規模的反日及罷買日貨活動，更取消好多去日本交流的活動；但我認為南韓可以用的牌不多，由南韓總統文在寅早前的講話可以發現到一些線索。在會上，文在寅有意向世界貿易組織（WTO）提訴反制作為報復措施，並明言要推動南北韓合作，只要兩韓和平穩定地經濟成長，必能一舉超越日本；但這些都是長期目標，一點短期解決措施都沒有。我認為現階段文在寅政府根本找不到任何方案，而且國內政壇左右派互相攻擊，令南韓亂上加亂。

根據南韓《朝鮮日報》的報道，現任左派政黨「共同民主黨」的代表李海瓚，日前在一間日式餐廳中點了日本酒，就遭到右派勢力猛烈批評為「偽君子」；可見目前南韓兩派對立程度之尖銳。此外，日本的《日經新聞》也指出，南韓較親商的右派人士，非常不滿當前左派政府對日本強硬的態度，主張對日本的態度應該放軟並且要談判，以確保南韓經濟不受衝擊。我認為這都是南韓現行應走的方向，但現行左派政府當然不會這樣做，寧死都不想投降，而且認為右派人士是「親日派」，如同當年贊成、協調簽訂 1910 年日韓合併條約的「庚戌國賊」。

面對內外進逼，文在寅政府現在真是左右為難，雖然未來 7 年政府將投入 7.8 兆韓圜（大約 65 億美元）來加強本地原料、零組件和設備的研發，以降低對日本的依賴，但這些都是長遠的措施，難解現行兩國的紛爭；如輕易投降，下年南韓國會大選一定會受到嚴重影響，但什麼「國難當前，匹夫有難」的精神又不可以放棄。我認為現在這時刻正正是考驗政治人物能力的時候，如解決不到當前問題就請下台，把機會留給有能力的人吧。

令 和 1 年 （2019）

安倍晉三的謊言

2019 年 8 月 22 日（信報）

　　日韓貿易戰自發生以來，兩國互不相讓，無論在政治層面到國民層面。我在本報都曾經指出，本次貿易戰是由歷史衍生下來的產物，而且現在南韓大規模的反日行動都令全球關注，其關注程度可媲美香港反對《逃犯條例》修訂的風波。

軍艦島問題更值關注

　　由香港反對修訂《逃犯條例》的事件上，可以見到文宣及網絡宣傳的重要性，近期在南韓網上流傳一條名為 Prime Minister Abe Shinzo's Lies 的片段，片中大談安倍晉三的 3 個謊言，片段在南韓當地非常火熱，不但提升了反日情緒，更喚醒南韓年輕一代的愛國情懷。片中提及的三大謊言，包括補償強徵勞工問題、慰安婦問題及二戰侵略問題。我看了後，認為它提及的所謂謊言只是簡單剪輯安倍晉三就以上問題的表態，反而當中探討的軍艦島問題更值得與大家分享。

　　徵用勞工一事上，南韓人最為氣憤的是日本在二戰期間，大量強徵來自朝鮮半島的勞工到軍艦島工作。軍艦島位於長崎北部的端島，由於外形酷似軍艦而名，而且島的海底

存有豐富的煤炭資源，所以 1890 年日本的「三菱財閥」以 10 萬日圓買下軍艦島，並加速在島的開發。

二戰時期，許多韓國戰俘被強迫在此區礦場勞動，據統計至少 123 名韓國人死於軍艦島，但是日本認為這些人都只是國民徵用工，當年日本統治朝鮮半島，所有朝鮮人跟日本人一樣都要接受國民徵用令，並無特別對待；南韓則稱這種強徵制度為「強制連行」。我認為正正是兩國對事件的觀點與角度，成為日後日韓兩國之間歷史的癥結。

時間是歷史的最好印證，不是每個國家都有勇氣面對自己的黑歷史，日本都不例外。2009 年日本開放軍艦島供遊客觀光，本來這是一個好開始，可以讓世人重新認識這段人類現代文明的慘痛記憶，但日本遲遲不肯在其教科書中承認過錯。當年日方在教科書就針對「強制連行」提出糾正：「戰時，移入內地的朝鮮人勞動者，根據時期而有不同形態。昭和十四至十七年，是自由募集，昭和十七至十九年，是官斡旋，形式上也是自由應募的。昭和十九年後，採用國民徵用令。」因此，日方認為南韓把這一切統括成「強制連行」，是非常不應該的，而且對日本更是不公平。

明治維新令日本成為亞洲強國，為了增加國民自豪感，日本於 2015 年以「明治日本的工業革命遺產製鐵、鋼鐵、造船、煤炭工業」的名稱，提出世界文化遺產的申請。該遺產群分布在日本九州、山口地方的 8 個縣，共包含 23 個建設於幕末和明治時代的工業設施，當中軍艦島就是其中一個。

申請世遺增速兩國矛盾

當時，南韓要求日本正視歷史，更加要維護每一位受日本軍國主義侵略的受害者的尊嚴。雙方各持己見，僵持不下，令申遺事件愈見複雜，但事件最後峰迴路轉，根據日本共同社報道，日本承認過去曾在違反朝鮮人的意願下，強制他們在過酷的條件下勞動，因此最終韓方作出讓步，令日方申遺成功。

我認為當時安倍晉三政府為了申遺成功而無所不用其極，假裝承認錯誤，當申遺成功就變臉，正正表現出政治家如何打倒昨日的自己。當時內閣官房長官菅義偉重申日本政府的立場，他們指根據《日韓合併條約》，朝鮮半島是日本領土的一部分，而且條約富有合法性，所以徵用朝鮮勞工等於動員日本國國民，是合法的行為，日方無法接受韓國用強制勞動這詞來形容過去的事件。

日本發起侵略戰爭是不爭的事實，日方這種過橋抽板的手法實在有失大國風範。謊言終究是謊言，永遠掩蓋不了真相。我希望安倍晉三與他的內閣可以在餘下任期真誠地反省與道歉，並承擔起對受害者進行賠償的責任，因為正面解決歷史留下來的問題，才可以贏回世人的尊重及信任。

日韓貿易戰外的領土爭議

2019 年 9 月 11 日（信報）

在日韓兩國忙著應對貿易戰的時候，兩國多年來爭論的領土問題突然又再炒作起來，領土爭議源於南韓稱的獨島（Dokdo）（即日本稱的竹島 [Takeshima]），該島位處日本海的島嶼和礁岩群。

由於日本對南韓作出一系列的出口管制措施，南韓 6 名國會議員為譴責日本的行為而登上獨島作出抗議，再加上日本眾議員丸山穗高高調提出「只能靠戰爭來收復竹島」的建議，令本來嚴峻的兩國關係再添火藥。

須從歷史記載入手

雖然該島現在由南韓實際控制，行政區屬於慶尚北道鬱陵郡，但日本政府卻把它劃分到島根縣隱岐之島町。除了日本堅持對該島擁有主權外，北韓都曾主張獨島是世界公認的朝鮮固有領土，可見社會存有不同聲音。

由於各國政府對該島的基本立場，都是「基於歷史、地理和國際法都無疑是本國的固有領土」。這種說法可以說是

了無新意，不能夠完全分析誰對誰錯，所以我認為該島的主權爭議要由歷史記載入手，才可以找到完整的畫面。

南韓的理據源於朝鮮古代文獻 1145 年的《三國史記》、1454 年的《世宗實錄地理誌》、1531 年的《新增東國輿地勝覽》等等，而且於 512 年即新羅時期智證王 13 年，新羅討伐于山國，並把其納入新羅。于山國是朝鮮三國時代的國家，其領土包括鬱陵島與于山島兩座島嶼，因此南韓官方都以上述文獻推論出于山島正是現在的獨島，是韓國自古以來的固有領土。

我認為古代文獻是存在參考價值，但在法定性及合法性上的支持度明顯不足，而且缺乏近代史上發生的事，如單純以「自古以來」作理據，有點兒兒戲。

反觀，日本提出的理據相對比較有說服力。17 世紀初期，日本人在江戶幕府許可之下，以竹島作為航海重要地點和船隻停靠地，同時也作為漁獵活動之用。到 20 世紀初期，島根縣隱岐島居民對捕獵海獅活動的訴求愈來愈高，所以日本政府於 1905 年 1 月（明治 38 年）通過內閣會議的決議案，把竹島劃歸「隱岐島司管轄」，並且由內務大臣把決議內容傳達給島根縣知事，期間並未遭到大韓帝國的抗議。

其後島根縣知事松永武吉把竹島登記至官有地台賬及批准捕獵海獅活動，海獅的捕獵活動持續到 1941 年（昭和 16 年）。我認為日本於 1633 年頒布鎖國令禁止日本人前往海外，如竹島是外國領土，理應禁止百姓渡海前往竹島，但當時幕府並沒下令禁止。

二戰後領土歸還問題

反而，幕府當年處理了一項名為「竹島一件」的政治事件，於 1696 年 1 月作出指示「鬱陵島鄰近朝鮮，為了無用小島而失去鄰國的友好並非上策。鬱陵島並非隸屬於日本，因此禁止渡海前往即可」，並指示島取藩禁止日本國民渡海前往鬱陵島，還命令對馬藩知會朝鮮方面，由此亦可清楚看到當時日本已把竹島視為其國領土。

日本在二次大戰中戰敗投降，在美國舊金山的戰爭紀念歌劇院簽訂了著名的《舊金山和平條約》（*Treaty of San Francisco*），和約中第 2 條 a 款指出，日本政府承認朝鮮的獨立，並放棄對朝鮮包括濟州島、巨文島與鬱陵島等島嶼的一切權利、權利名義與要求（Japan, recognizing the independence of Korea, renounces all right, title and claim to Korea, including the islands of Quelpart, Port Hamilton and Dagelet.）。

而且當年美國負責遠東事務的助理國務卿迪安魯斯克（Dean Rusk）就韓國要求在聲明初稿中加入獨島或竹島作出回應，並明確指出根據美方的資訊，該無人居住的島嶼從沒有被視為朝鮮的一部分，加上自 1905 年前後，該島開始處於日本島根縣隱岐島支廳的管轄之下，過程中從未發現朝鮮曾主張對該島擁有領土主權。

迪安魯斯克的原文回應為：

Rusk note of August 10, 1951: As regards the island of Dokdo, otherwise known as Takeshima or Liancourt Rocks, this normally uninhabited rock formation was according to our information never treated as part of Korea and, since about 1905, has been under the jurisdiction of the Oki Islands Branch Office of Shimane Prefecture of Japan. The island does not appear ever before to have been claimed by Korea.

「李承晚線」引發爭議

上述聲明清晰可見，獨島或竹島從都不存在於朝鮮領土之中，但領土問題往往容易成為愛國主義獨裁者的工具。1952 年 1 月，當時韓國總統李承晚發布《海洋主權宣言》，劃定所謂的「李承晚線」，把獨島或竹島劃入該線之內。在次年 1954 年 6 月，韓國內務部對外宣布已向獨島派遣韓國海岸警備隊的駐留部隊。

直至現在，南韓仍有派遣警備隊員駐守，並建立宿舍、監視所、燈塔、靠岸設施等，每當南韓在該島採取任何措施的時候，日本都提出強烈抗議，要求撤銷「李承晚線」。

如果看完所有資料及理據，大家會認為應該叫獨島，還是竹島呢？對於我來說，兩者分別不大，因為就是過去這些爭執成就了這無人島，令它成為各人心中的「神秘島」。

日本旭日旗的爭議

2019 年 9 月 28 日（信報）

2020 年日本東京將會舉辦新一屆奧運會，對於全世界來說，這是一件令人期待及興奮的事；但奧運未開始，已經充斥各種是非。自日韓發生貿易戰後，兩國無間斷攻擊對方，由國際層面到文化層面，今次的主角就是非常有爭議性的「旭日旗」（Rising Sun Flag）。

事緣東京奧委會今年 8 月 25 日公開 2020 年東京奧運的獎牌設計，其中殘奧獎牌因包含「放射線設計」被聯想成旭日旗，引起南韓強烈不滿。

旭日旗是日本軍隊採用的軍旗，在近代史上被視為日本軍國主義的象徵，而且在多個亞洲國家中都是極敏感及冒犯性的圖案。旭日旗源於明治 3 年（1870 年 6 月 13 日），以《太政官布告第 355 號》的最高法令形式發布定制，稱作「陸軍御國旗」，它是從日本國旗演化出來的。

不過，從歷史文獻發現，旭日的概念早在民間存在；由於圖案是有紅日和旭日光芒，與日本作為太陽之國的概念接近。1889 年，旭日旗成為日本海軍軍旗；二戰期間，日本皇軍高舉旭日旗在亞太戰場燒殺擄掠，當時日本的「神風特攻

隊」（Kamikaze）亦掛著旭日旗在珍珠港衝向美軍軍艦作自殺式攻擊，可見旭日旗的黑暗歷史及當中包含的政治含義。

旭日旗禁用與重用

二戰結束後，按照日本新憲法，日本皇軍即時解散、旭日旗禁用；但很快已重新使用，原因在於美國。由於 1950 年韓戰爆發，在駐日盟軍總司令部（General Headquarters, GHQ）的指示下，日本政府成立自衛隊（The Japan Self-Defense Force），為美軍戰略後勤軍備基地提供大量物資裝備，而且以「軍伕」（Houseboy）的名義，隨美軍到朝鮮半島的戰場上，擔任後勤、掃雷等任務；旭日旗則再次成為陸上自衛隊及海上自衛隊的旗幟，只是設計上有少許改動。

2013 年 9 月 25 日，日本官房長官菅義偉指出，旭日旗的形象廣泛用於慶祝漁業豐收、紀念節日或自衛隊的艦艇上，指它與軍國主義象徵的觀點是完全不正確的；同樣，日本外務省外務報道官大鷹正人也表示，旭日旗上的圖案是日本人視為重要的傳統事物，不應提出各種不滿。

不過，我認為旭日旗引起的爭吵例子真是多不勝數，這都是鐵一般的事實。最近幾年，南韓一直反對日本在國際場合使用旭日旗，2018 年 10 月南韓舉行國際觀艦式時，日本都獲得邀請，日本海上自衛隊要求懸掛旭日旗，南韓方面作出強烈反對，最終日本海上自衛隊不參加國際觀艦式，才能夠平息風波。

我認為，美國當年沒有對軍國主義勢力進行徹底清算，一方面為了自身在亞洲的利益，另一方面是日本右翼勢力在國內的影響力愈來愈強大，他們大打主張維護國體及敵視共產主義的主張，在國內有非常大的市場，而且現在日本政府的目標都是修改憲法第9條，希望把自衛隊改為正式軍隊，對於美國掌管亞洲地區非常有利，所以日本到現在都不放棄旭日旗是有原因的。

令 和 2 年 （ 2 0 2 0 ）

日本應向獨立自主之路出發

2020 年 10 月 13 日（信報）

在日本，要數敢言而又富政治智慧的政治人物，一定非鳩山由紀夫莫屬。

鳩山由紀夫是日本前內閣總理大臣（第 93 任），曾帶領民主黨打破自民黨的長期執政地位，雖然在任首相僅不足 1 年，但他的「友愛」及共建「東亞共同體」的精神及理念，影響我非常大。

鳩山由紀夫目前是亞洲基礎設施投資銀行（亞投行）國際諮詢委員會委員，2017 年他出了一本名為《擺脫「大日本主義」》的政治書，道出了日本未來應走的路，以及現行制度失敗的原因，乃近年來分析日本政治問題最清晰的其中一本書，值得大家拜讀。

戰後 75 年仍處戰敗狀態

大日本主義，即大日本帝國主義，源於明治維新，日本希望透過軍備競賽成為政治大國，加上吸收了西方殖民思維，當時產生了包括福澤諭吉在內的多名思想家，理念是藉

日本來解放亞洲各國，建立一個以日本為主導的政治體系。這種解放思想為大日本主義或大日本帝國主義播下種子。

隨著二次大戰戰敗，這種思維理應灰飛煙滅，可是被美國接管後不久，日本當時那班主戰派的政客及官僚階層，大部分都轉成親美派及現在所說的保守派，繼續位處高位。他們認為日本可憑著依附美國及其軍事實力，就可變身政治大國，成為聯合國安理會常任理事國，所以戰後 75 年，日本還是抱著這「希望」而對美國言聽計從。

日本雖然是一個獨立主權國，但基本上仍處於戰敗狀態，由於日美雙方於 1952 年簽署了《日美行政協定》，有關協議可以說比《日本國憲法》更為重要，猶如神聖不可侵犯，而且對於日本的親美派及官僚來說，該協議是大日本主義走向成功的關鍵。

根據內容，美國能在日本任何地方無限制地設置陸海空軍事基地；駐日美軍享有有限使用日本的鐵路、船舶、通訊、電力、公共設施的權利；駐日美軍、文職人員及其家屬，在日本享有治外法權，他們在日本國土上所犯的罪行，不受日本法律制裁等，嚴格而言是一條不平等條約。

直到現在，日本的制空權還掌握在美國手中，例如民航飛機在東京羽田機場起飛時，一定要繞道飛行；若飛機在沖繩機場附近，飛行時就必須貼著地面飛，相關例子多不勝數。

事事對美國唯命是從，令日本部分人近年常以「中國威脅論」掛帥，提出加大軍費預算，連接所有美國於亞洲的盟

友來對抗中國，盼重新成為亞洲領頭羊，可是我認為類似操作非常錯誤，從 2017 年美國總統特朗普簽署行政命令退出《跨太平洋夥伴關係協定》（Trans-Pacific Partnership, TPP）開始，美國已不止一次背棄日本，所以日本的官僚階級和親美派以為繼續效忠日美同盟為榮，無疑脫離現實。

正正是大日本主義帶動的奴性思維，令很多有志為國出力的「非大日本主義」政治人物走不下去，鳩山就是其中一個例子。

鳩山當年的施政方針是帶領日本走向獨立自主之路，並與中國及南韓建設東亞共同體，減少對美國的依賴，惟因為損及美國在日利益，不少措施受到「日美聯合委員會」（Japan-US Joint Committee）的壓力而告吹。

外務省親美拒聽命首相

日美聯合委員會是圍繞兩國地位協定的實施問題，展開必要磋商的機構，主要參與成員包括日本外務省北美局局長、防衛省地方合作局局長和美國駐日大使館公使、駐日美軍副司令官等人，名義上是個磋商機構，實際上影響力非常大，對日本政策制定發揮著重大的作用。日本官僚階級中，以外務省最擁護大日本主義及日美同盟，他們不但沒效忠內閣總理大臣，反而會採取不配合的態度，使改革派首相無法推進各項改革措施。

我認為未來日本要與中韓作多方面合作，才可走出困局，例如加入中國主導的亞投行，亞投行 2016 年創建時擁有 57 個會員國，包括新興國家、發展中國家和除日美以外的發達國家。

　　2019 年，亞投行會員已達到 100 個國家和地區，雖然不及 189 個會員的世界銀行（World Bank），但比起日本主導的亞洲開發銀行（Asian Development Bank）的 68 個會員要多。

　　日美同盟不但幫不到日本，相反令到日本繼續被美國控制，成為美國的亞洲提款機。日本為了維持這關係，需要每年負擔超過 7,500 億日圓的美軍駐在費，這個數字相當於美國一個中等規模的州的全年財政收入。

　　再者，日美聯合委員會時常指點江山，日本要獨立自主成功一定要立下決心，堅決與美國分家，不要再受這種美國勢力機構影響，把沖繩駐日美軍遷出國外，才可以脫離美國附庸國的國際形象。

令和 2 年（2020）

拜登掌政下的美日關係

2020 年 11 月 20 日（信報）

美國總統大選雖然還未有官方結果，但當地主流傳媒都認定拜登已取得足夠選舉人票當選新一任總統，即使現任總統特朗普尚沒認輸，並聲言以法律行動取回勝利，惟拜登及候任副總統賀錦麗已開始籌備過渡工作。日本首相菅義偉在拜登宣布勝選後在 Twitter 發文恭賀，表示期望與新一屆拜登政府攜手合作，進一步強化日美同盟關係，確保印太及其他地區的和平、自由和繁榮。

美日同盟向來是日本現代社會的核心精神，我曾多次指出日本一直希望透過靠攏美國成為政治大國，可是這種大日本主義對該國長遠發展當然不是好事，不過，對於效忠此體制的日本官僚及政客，無論誰人當白宮新主人都不要緊，因為他們相信只要跟隨美國的道路，就可換來美好的未來，重現「偉大的日本」光芒。

拜登未上台就已經與不同國家領導人溝通，菅義偉自然也不例外，拜登與菅義偉首次的電話會談，不外乎要求日本重新跟隨新美國政府的方向，強調美日安保的重要性。在特朗普時代美日關係不太順暢，美國不但與日本在貿易問題上

發生衝突，而且退出多個國際及亞洲的組織，令美國在亞洲的影響力大為削弱。

由於美國走回保護主義路線，一眾盟友猶如過著「沒大佬帶領的日子」，開始有自立門戶的想法。有見及此，拜登冀藉電話會談把奧巴馬年代「重返亞洲」的訊息，再次傳達給一眾亞洲盟友，讓他們知道「BIG BOSS 回來了」。

此外，電話會談上另一個重點是《美日安保條約》（*Treaty of Mutual Cooperation and Security between the United States and Japan*）第 5 條，內容為「締約國的每一方都認識到：對在日本管理下的領土上的任何一方所發動的武裝進攻都會危及它本國的和平和安全，並且宣布它將按照自己的憲法規定和程序採取行動以應付共同的危險」。早在 2014 年，時任美國總統奧巴馬造訪日本，與當時的首相安倍晉三會面，兩人會談後指出此條款適用於所有處於日本施政權之下的區域，當中包括非常有爭議性的釣魚台列島（日方稱為尖閣諸島，Senkaku Islands）。

美國於中日領土爭議問題上長期站在奇怪的位置，他們不會對釣魚台島嶼的主權作表態，但承認日本擁有其行政管理權，今次拜登與菅義偉的會談再次提及這一點，這一說法立即令中國表示不滿意。中國外交部發言人稱，中方對日美有關言論表示嚴重關切和堅決反對，釣魚島這歷史問題的產生在於美國當時一手打造，令到中日之間永遠存在領土爭議，難以產生互信。

　　拜登未就任已送日本如此大禮，一來安撫到日本內部，二來讓其他亞洲盟友知道，新美國政府會繼續抗中，美國依然是世界第一大國。

　　拜登的作風和特朗普截然不同，前者擁有豐富的外交經驗，懂得如何與國家打關係，而且綠色政策是他在競選時明言要推動的方向，並將重新簽署《巴黎協定》（Paris Agreement）共同遏阻全球暖化的趨勢，這與菅氏政府目標於2050年實現去碳化社會不謀而合，兩國有很大的合作空間。

　　在可見的將來，美國料一如既往拉攏亞洲盟友阻礙中國發展，只是手段沒特朗普那麼強硬及富殺傷性，日本政界估計，拜登上台後該國將再一次換相，事關有傳早前因病請辭的前首相安倍晉三將出任黨內要職，令他重新拜相的機會愈來愈大，拜登就任對日本國內保守親美勢力來說無疑是一大樂事；惟對欲改革依賴美國傳統的日本人而言肯定非常失望。總括來說，拜登掌政下的日美關係將是「美」好「日」不好。

俄烏衝突中的日本立場

2022 年 3 月 4 日（信報）

　　近期最大的地緣衝突事件莫過於俄羅斯向烏克蘭進行「特別軍事任務」，希望透過此行動令烏克蘭「去軍事化及去納粹化」，而這一次東斯拉夫民族的衝突更加令到西方陣營來不及反應，雖然反制措施出台了，但都是一些了無新意的制裁，當然，美國的盟友們只是不得不表態，包括日本在內。我認為日方的制裁除了是「跟風」之外，當中更有一定的考量，就是與俄國有領土爭議的北方四島有關。

　　根據《日本經濟新聞》2 月 25 日報道，針對俄國對烏克蘭發動軍事行動，日本首相岸田文雄除了嚴厲譴責俄國違反國際法之外，並宣布追加 3 項制裁措施，包括：針對俄國的個人與團體，凍結資產及停發簽證；針對俄國的金融機關，凍結資產；對俄國的軍事相關團體，禁止對其輸出半導體等產品。俄方則表示會在未來的日子強力反擊日方。

　　我認為日本與蘇聯自 1956 年邦交正常化之後，兩國在領土爭議問題上均未能達到共識，所以從第二次世界大戰結束後至今，仍未簽署和平條約，過去日本曾有機會先取回兩島，但因為自己的誤判而令機會溜走。這 4 個島分別是國後

島、擇捉島、齒舞群島及色丹島，現在這四島由俄國管治，亦有俄羅斯人居住，俄國稱這 4 個島為南千島群島。

爭議源於北方四島

首先，北方四島有著豐富的資源，由海產、地熱資源到礦產資源，對於國家資源儲備和經濟發展來說，都是非常重要的。根據資料顯示北方四島的資源總價值量已經超過了 450 億美元，單是齒舞群島和色丹島兩個島嶼的生物資源價值量就已經達到了 20 億美元。

其次，北方四島的地緣位置非常理想，現在俄國在色丹島已經建立了軍事基地。日本也曾經在二戰時期充分利用北方四島的地緣優勢，該區域隱蔽性極好，而且直接連接亞洲大陸與太平洋，是非常好的戰略地區，當年日本神風特攻隊的戰機正正就是從這裏出發的。

話說 1945 年 8 月，蘇聯出兵攻打日本，順勢佔領了整個庫頁島和南千島群島，這場二戰最後一次大規模的軍事行動，歷史稱之為「蘇日戰爭」或「八月風暴行動」。

當時蘇聯根據 1945 年 2 月簽訂的《雅爾達協定》，該國戰勝日本後，將可收復庫頁島南部，獲得千島群島，並保障其在大連港、中東鐵路、南滿鐵路的利益，以及恢復俄羅斯海軍在旅順口的租賃權利作為報酬。

此外，1951 年簽訂的《三藩市和約》，又進一步確認了蘇聯在庫頁島和千島群島的主權，約定日本放棄 1905 年《樸茨茅夫和約》簽訂後所取得的千島群島和庫頁島南部的主權，但是日本認為《三藩市和約》當中並沒有具體劃定千島群島的領土範圍，當年的原文是「日本政府放棄對千島群島、1905 年 9 月 5 日獲得之庫頁島（南樺太）部分，以及鄰近各島嶼的一切權利、權利名義與要求」。

所以日本認為國後島、擇捉島、齒舞群島及色丹島不屬於千島群島，因此日本直到現在還主張及拒絕放棄這 4 個島嶼的主權，稱 4 個島嶼為北方四島，不稱之為南千島群島。

多次談判均沒成果

2014 年，俄國吞併烏克蘭南部的克里米亞，時任首相安倍晉三考量正在與俄國交涉領土問題，所以未有即時加入國際制裁行列，但後來在美國壓力下，才實施追加制裁。當年，俄國曾以北方領土談判迫使日本對俄投資，但俄國內部出現反對歸還的聲音，導致談判陷入膠著。

我認為今次日本希望重施故伎，以北方四島作為談判的籌碼，由於這次俄國的軍事行動引起的反應比 2014 年更大，而且岸田也期望可立下大功，成為解決領土問題的國家英雄，惟西方國家及其盟友的反制措施只是舊酒新瓶，所以我認為日本想藉烏克蘭事件來爭取領土這如意算盤難以打響，日本很大可能「偷雞唔到蝕渣米」。

令 和 4 年 – 令 和 6 年（2 0 2 2 - 2 0 2 4）

俄烏戰爭如何影響日本的憲法問題

2022 年 3 月 15 日（信報）

　　俄烏戰爭持續了一段時間，由歐美為首的國家大力制裁俄羅斯，而且在現今世代中，好似不加入「制裁俄羅斯及普京大聯盟」及為烏克蘭發聲就會被定性為政治不正確及與歐美為敵，所以亞洲國家中以日本最為積極，不停推出新制俄措施。日本的立場及目的，我於本報中曾經分析過，建議大家可以去參閱。今次我想就日本主動制裁俄羅斯及支援烏克蘭方面，帶出另一個重要問題，對於亞洲來說更是個警號。

　　早前，烏克蘭呼籲海外人員去到當地成為自願軍幫助他們對抗俄羅斯，烏克蘭駐日大使館相關人士指出有約 70 名日本男性報名參加，當中還有 50 人是前自衛隊成員，我認為這行為雖看似平平無奇，但其實是一種變相的軍事行動或派兵參戰，內裏存在著有否違反日本和平憲法的問題。

　　根據日本憲法第 2 章第 9 條，明確規定戰爭不是日本解決國家爭端的合法手段，而日本憲法第 2 章主要圍繞著憲法第 9 條內容展開，包括放棄戰爭、不維持對外戰力、不擁有交戰權，所以《日本國憲法》也因而得名為「和平憲法」或「非戰憲法」。（當中的條文：一、日本國民衷心謀求基於正義與秩序的國際和平，永遠放棄以國權發動的戰爭、武力

威脅或武力行使作為解決國際爭端的手段;二、為達到前項目的,不保持陸海空軍及其他戰爭力量,不承認國家的交戰權。)

我認為這次有所謂前自衛隊成員參與,美其名是正義之士,但對於日本右翼分子來說,這是一次間接出兵及為修改「憲法九條」鋪路的良機,但可惜坊間的回響太大了,在不同地區都有人示威抗議,故此日本政府需要即時出來滅火,外相林芳正更在 3 月 1 日的記者會上表示「外務省已就烏克蘭全境發布了要求撤離的建議。不論何種目的,希望大家都不要前往該國」,而且報名做義勇軍的日本人隨時會犯上日本刑法第 93 條的「私戰預備罪」及「私戰陰謀罪」。

我認為日方如果容許國民去參戰,變相即是承認提供戰爭的力量,明顯違反和平憲法,而在「人人都援助」的情況下日方向烏克蘭提供自衛隊用防彈背心、鋼盔等非殺傷性軍品,以及防寒服、衛生用品、發電機等物資,並由自衛隊運輸機負責運送。日本政府強調,此舉不超出「防衛裝備移轉三原則」所容許的範圍。但我不同意這說法,由於「防衛裝備移轉三原則」中的第一項是列明「不允許向紛爭當事國,以及在違反聯合國安理會決議、日本政府已締結之條約,或其他國際規範的情況下出口武器」。烏克蘭明顯是紛爭當事國,日本沒有理由不知道,而且今次提供非殺傷性軍品只是開先例,日後日方可以再用不同理由輸出武器,而歐美國家對於日方這樣做不但不加以譴責,更給予支持,可見歐美國家為了政治,連歷史教訓都忘記了。

　　這一次俄烏衝突，令到日本政壇非常熱鬧，除了北方四島問題之外，修改「憲法九條」也成了焦點。前首相安倍晉三可以說是修憲派的領軍人，他在任內曾希望透過修憲令到自衛隊成為「自衛軍」，當年自民黨的修憲草案，是想保留第一項「放棄戰爭」條文，但將第二項「不保持陸海空軍及其他戰爭力量，不承認國家的交戰權」，修改為「自衛軍」，規定為了保護國家的「和平、獨立與安全」，設有「自衛軍」及可從事與國際和平、安全、緊急時公共秩序與保護國民安全、自由之相關行動。我的意見是，安倍等右翼人士認為將武力鬆綁與正當化其軍事力量才可確保國家安全，這種想法是不合邏輯及漠視當年由軍備競賽產生出來的禍害。

　　適逢這次俄烏衝突，安倍更提出日本應該要討論所謂「核共享」政策，即在日本部署並且共同運用美國的核武器，目的就是讓日本可間接擁有核武器，以震懾亞洲等國。

　　我認為安倍正不停挑戰國際社會的底線，由「憲法九條」到共有核武器都可見他的野心，雖然岸田不同意這想法，但自民黨幹事長茂木敏充就唱反調，指出共有核武並非是實質上的共同持有，未直接違反日本的非核三原則。這解答明顯是語言偽術，誤導大眾，可見右翼勢力愈見猖獗，而且在美方大力支持下，相信對亞洲的衝擊只會愈來愈多。

淺談中日關係的改善方案

2023 年 4 月 11 日（香港商報）

　　中日關係一直是亞太地區的一個重要課題，中國和日本都是亞太地區的重要國家，兩國之間的關係直接影響到整個地區的穩定和發展。然而，中日關係在過去的幾十年中一直面臨著許多挑戰和困難，包括歷史問題，以及地區安全等等。故此，我想藉此機會向大家淺談一些改善方向及作為香港人可以如何出一分力。

　　為了改善中日關係，我認為兩國須採取共同努力和合作的方式。

　　首先，在平等和相互尊重的基礎上進行對話和協商，以解決存在多時的問題和矛盾。中日兩國可通過多種方式和渠道進行對話和協商，包括高層互訪、外交磋商、文化交流、學術研究、商貿合作等等。我相信透過這些交流和互動，可以增進兩國之間的了解和認識，建立更加牢固的友好關係。

　　其次，中日關係的穩定和發展需要加強互信和友好交往。我認為互信是中日關係的基礎，在此世代太多不必要及無謂的政治衝突，更須通過各種方式和渠道加強兩國之間的交流和互動。

最後，中日關係的改善也需要國際社會的共同努力和支持。亞太地區是世界經濟增長的重要動力和戰略樞紐，國際社會須通過各種方式和渠道支持地區的和平穩定和繁榮發展，包括透過多邊機制進行合作和協商，加強地區安全合作等等，但亞洲局勢非常複雜，加上美國時常干涉別國內政，令到那些國家想改善與中國的關係非常不容易。

香港可為中日友好貢獻力量

好多人認為大國關係，普羅大眾難以作出貢獻，但這並不意味著香港不能在中日關係中發揮積極的作用。我認為每個地方的人都可以為中日關係的改善和發展付出努力，特別是香港。

首先，香港是一個國際化的金融、貿易和物流中心，與日本的經貿關係非常密切。香港可以通過加強與日本的商貿合作，促進雙方的貿易和投資往來，為中日關係的改善和發展打下更加穩健的基礎。

其次，在基本法框架下，香港可以積極參與地區安全合作，增進國家和地區之間的互信和合作，推動中日之間的安全對話和協商，為中日關係的改善和發展提供有力支持。

最後，香港可以通過積極參與和推動中日之間各文化交流等活動，促進雙方之間的了解和認識。香港是一個國際化的城市，擁有豐富的文化資源和人才優勢，透過舉辦文化活

動、學術研討會等方式，增進中日之間的文化和學術交流，為中日關係的改善和發展貢獻力量。

故此，香港可以通過上述方式，促進中日之間的互利共贏，為亞太地區的穩定和發展作出貢獻。同時，香港也應該避免任何可能引發緊張局勢的行為或言論，為中日關係的穩定和持續發展起到積極的推動作用。

令 和 4 年 – 令 和 6 年 （2022-2024）

福島核廢水如何改善中日關係

2023 年 6 月 14 日（信報）

　　近期最受人關注的新聞一定是日本福島核廢水排放事件，我認為此事不是三言兩語就可說完，背景大家一定要清楚。故此講述其背景，令大家決定要罵之前，都有理有據，但罵完沒建議都是無謂，現透過此文，令大家知道今次事件是危中有機及值得好好利用的政治事件。

　　2011 年 3 月 11 日，福島核電站遭受到地震和海嘯的襲擊後，核反應爐的冷卻系統受損，導致核燃料棒過熱，最終發生了核洩漏事故。這場災難對日本和全球的經濟、環境和社會帶來了巨大的影響。

　　災難發生後，福島核電站的工作人員進行了大量工作，以減輕核污染的影響，我認為他們絕對是日本的國民英雄，大家稱他們為「福島 50 死士」，當時死士們使用了不同的技術和方法，包括將水注入反應堆、使用冷凍奠定、建造污水處理廠等等。這些方法和技術有助於減少核污染的影響，但也產生了大量核廢水。

　　目前，福島核電站已經處理了大部分核廢水，但還剩下超過 100 萬噸的核污染水需要處理。日本政府計劃把這些處

理過的核廢水排放進入海洋，這一決定引起了國內外的爭議。

在這背景下，抱正常思維的人都會想到排放核廢水會對環境和人類健康造成嚴重影響，雖然日本政府表示，他們已經採取了一系列的措施，以確保排放的核廢水不會對環境和人類健康帶來嚴重的威脅。例如已經進行了處理，去除大部分核污染物質，並且排放速度非常緩慢，以減少對環境的影響。

但我認為日本政府已經去到一個技窮狀態，浪費了很多時間在政黨內戰，真正危機來臨時，根本是解決不到。國內所謂的核專家都只是冷氣軍師，完全幫不到手，他們嚴重低估了這次排放事件存在幾個潛在風險：

第一是輻射暴露風險，處理後的核廢水含有多種放射性同位素，包括氚，目前的處理方法無法完全去除氚，儘管氚比其他放射性同位素更不具有毒性，但如果攝入量過大，仍會對人類健康造成風險。

第二是環境影響，排放處理後的核廢水可能對海洋生態系統產生重大影響，包括魚類和其他水生生物，即使低水平的輻射暴露亦可能對海洋生物造成威脅，並破壞食物鏈。

第三是公眾觀感，排放處理後的核廢水可能令公眾對核能和核電站安全的看法產生負面影響，這或進一步削弱公眾對核能的信任，使未來建造新核設施更加困難。

最後就是國際關係，排放處理後的核廢水也可能對國際關係產生影響，因為依賴海洋獲取食物和資源的鄰國可能會受到污染。

五點建議

在此事件上，日本政府的立場基本上難以改變，因為他們都不知可做什麼，而我認為這次事件是一大良機改變中日關係，往往危中有機。我建議循以下方向推進：

第一是提供技術和知識支援，眾所周知，中國作為核能大國，在核能方面掌握了非常多技術及知識，他們可以提供技術和知識支援，協助日本政府開發和實施最佳的核廢水處理方案，例如提供先進的處理設備和技術支援，幫助日本政府解決核廢水存儲和處理的問題，進而加強中日之間的科技合作和交流。

第二是中國可以通過提供資金和資源，支持日本政府實施核廢水的處理和監測計劃，並且為受到影響的人提供支持和賠償。

第三是中國可以提供監測和評估支援，協助日本政府監測核廢水排放對環境和人類健康的影響，以及評估處理計劃和措施的有效性。

第四是加強國際合作，中國可利用其影響力，協調各國和地區之間的合作，共同解決福島核廢水問題，包括監測和

共享訊息等。中國也可以和日本進一步加強在經貿、文化、科技等領域的合作，以增進雙方的互信和交流，改善中日關係。

最後就是提高公眾意識，中國可加強公眾教育和宣傳，提高公眾對環保和核能的意識，以及提高公眾對福島核廢水問題的認識和理解，促進中國和日本等國家對環保和核能問題的共識，改善中日關係。

危中自有機，總之福島核廢水事件是一個全球性的環保問題，中日兩國都可以通過加強合作和交流，共同解決，並進一步促進中日和諧發展。

令和 4 年 – 令和 6 年 （2022－2024）

岸田訪美對地區穩定影響

2024 年 3 月 13 日（信報）

中日關係，一直以來都是對東亞地區的政局和經濟一個重要因素，而日本首相岸田文雄即將造訪美國的消息，無疑令中日關係產生了一定的影響。這次造訪被賦予了國賓待遇，且岸田將在美國國會進行演說，這是自安倍晉三時期以來，時隔 9 年再有日本首相受到美國國會邀請演說。

筆者希望探討一下岸田訪美對中日關係以及東亞地區穩定的影響，當中包括以下三方面：

第一、對日美同盟的影響

岸田訪問美國並在參眾聯席會議演說，彰顯了日本對美國的重要性以及兩國在地區事務中的緊密合作。筆者認為這次訪問將進一步加強日美同盟的緊密關係，並對中國形成一定的壓力。日美同盟一直是亞洲地區中其中一個非常重要的安全保障架構，兩國的一舉一動都影響著地緣政治。

日本作為美國在亞洲地區的重要盟友，兩國在軍事合作、情報分享和地區安全合作等方面一直緊密合作。今次美

國邀請岸田在美國國會演說，明顯是對日本作為其重要盟友的肯定。這將進一步加強日美同盟的信心，並提升兩國在地區事務中的合作力量，而且國內的大日本主義會再加強。

第二、中國的回應和關切

中國一直將日本視為其在東亞地區的競爭對手，並對日本與美國的緊密關係表示關切。對於岸田訪問美國的舉動，筆者認為中國可能會表達不滿，並將其解讀為日本在地區事務中的一種介入。中國可能對此訪問做出回應，例如加強對日本的批評或採取其他外交手段。

此外，中國和日本之間的關係一直複雜而敏感。兩國在歷史、領土和安全等問題上存在爭議，這使得雙方之間的互信和合作變得更加困難。然而，近年來中日關係有所改善，兩國在經濟合作、人文交流和環境保護等領域取得了一些積極進展。這些合作領域的成功表明，雖然存在分歧，但中日雙方仍然有共同利益和合作潛力。

在這個背景下，中國對岸田訪問美國的回應，將顯示其對中日關係的態度和立場。中國可能表達對日本與美國緊密關係的關切，並強調其在地區事務中的角色和影響力。同時，中國也可能利用這次訪問的機會，提出自己對地區安全和合作的建議或觀點。

第三、中日關係的其他方面

除了岸田訪問美國的影響外，筆者認為亦不能忽視中日關係的其他方面。雖然兩國之間存在爭議和挑戰，但仍有許多合作的機會和共同利益。

在經濟方面，中日兩國是亞洲地區最大的經濟體之一，彼此之間的經濟互補性和合作潛力巨大。加強經濟合作將有助於促進地區的繁榮和發展，並為兩國人民帶來實際利益。

此外，人文交流和文化合作也是中日關係中的重要組成部分。兩國之間的學術交流、青年交換和旅遊往來不斷增加，這有助於增進相互了解和友誼，並為深化雙邊關係奠定了基礎。

在環境保護方面，中日兩國都面臨著共同的挑戰，例如氣候變化和環境污染。加強環境保護合作，共同應對這些挑戰，將有助於改善兩國的生態環境，並促進可持續發展。

綜上所述，岸田訪美對中日關係和東亞地區的影響是一個動態和複雜的過程，需要中國和日本兩國共同努力，平衡彼此的利益和關切，以促進地區穩定、繁榮和合作。當然政治世界變化很快，大家只好留待岸田訪美後再看雙方如何出招了。

日本政治與內閣

令和 1 年 – 令和 2 年（2019-2020）

令和世代的全新日本內閣

2019 年 9 月 18 日（信報）

日本首相安倍晉三為了在餘下任期可以順利推動不同政策，以及延續自民黨在日本的領導地位，於本年度 9 月 11 日在內閣改組前，先進行自民黨內部人事變動，現年 80 歲的幹事長二階俊博及政務調查會長岸田文雄雙雙留任，總務會長由鈴木俊一接任，選舉對策委員長則由黨憲法修改推進總部長下村博文擔任。

我認為，今次安倍用了非常保守的策略，黨中最重要的兩個位置保持不變，在新一輪內閣改組卻起用了大量親信，用以實現多年來的修憲目標，當中更有很多是「後安倍時代」的候選首相。

改組內閣 19 名閣僚中，17 人被更換，另有 13 人為首次入閣，是安倍上任以來最多的一次。調整後的名單為總務大臣高市早苗、法務大臣河井克行、外務大臣茂木敏充、文部科學大臣萩生田光一、厚生勞動大臣加藤勝信、農林水產大臣江藤拓、經濟產業大臣菅原一秀、國土交通大臣赤羽一嘉、環境大臣小泉進次郎、防衛大臣河野太郎、復興大臣田中和德、國家公安委員長武田良太、一億總活躍擔當大臣兼沖繩北方擔當大臣衛藤晟一、科學技術擔當大臣竹本直一、

經濟再生擔當大臣兼全世代型社會保障改革擔當大臣西村康稔、地方創生擔當大臣北村誠吾、奧運擔當大臣橋本聖子。

小泉或引起內閣內訌

今次改組除了小泉進次郎這亮點之外，外務大臣河野太郎調任防衛大臣、經濟再生擔當大臣茂木敏充轉任外務大臣，同樣備受關注。外相及防衛大臣均由強硬派擔任，顯示未來的日韓關係都會繼續緊張。茂木敏充多次代表日本與各國就建立貿易關係協商，在擔任經濟再生擔當大臣期間，主管業務包括「跨太平洋夥伴全面進步協定」、美日貿易談判等等，在過去 2 年主持與美國的貿易談判，其表現獲得安倍認同。茂木的政治經驗豐富，在小泉純一郎年代曾任國務大臣，分管沖繩、與俄羅斯有爭議的北方四島，現在要處理與韓關係，對他來說應該是大顯身手的良機。

河野太郎在日韓貿易戰中的表現，以及時常在 Twitter 發放消息的行為，令人留下深刻印象，現在轉任防衛大臣繼續其強硬及敢言作風。他在 9 月 11 日的記者會上，強調引進陸上部署型導彈攔截系統「陸基宙斯盾系統」（Aegis combat system）的必要性，亦有就沖繩縣宜野灣市美軍普天間機場的搬遷問題表達其看法。

看來，河野會繼續走強硬路線，由於他由日本外相破例調任防衛相，而且不曾擔任防衛副大臣或政務官，也並非國防領域議員，要成功贏取防衛省及自衛隊的信任，一定要下點苦功。

最後，當然不得不提小泉進次郎入閣，可以說是日本的大新聞，他一向是傳媒的寵兒，加上其言論一向火辣，被任命為環境大臣是他政治生涯的高點。

過去，他經常評論安倍的政策及唱反調，這種另類聲音一上任又再出現，由於小泉會兼任原子力防災大臣，所以針對核能問題時，均即時表明其廢核立場。挺核一直是安倍政府的一貫立場，今次由內閣新貴提出廢核立場，絕對是一大衝突，恐怕會引起新一輪的內閣內訌。

1960 年的反美安保鬥爭

2019 年 10 月 7 日（信報）

在香港，遊行示威是每一個人的基本權利，並受《基本法》保障。自 6 月起，《逃犯條例》修訂導致多場衝突的發生，暴力程度更愈來愈嚴重。多次大規模的遊行示威，令我聯想到 1960 年日本的反美遊行示威活動。

日本在二次大戰投降至今，美國一直都有參與其軍事安保工作，但是駐日美軍及美國政府曾一度在日本擁有多種特權，而且多次發生的軍民衝突激起日本市民的不滿，導致爆發了多次反美遊行示威活動，其中 1960 年的反美遊行示威有接近 650 萬的日本民眾參與。

事件爆發源於 1960 年 1 月 19 日，日本和美國簽署《美日安保條約》，旨在加強兩國軍事協作與安全保障。這個條約與 1951 年簽訂的《安全保證協定》相比，不但增強了日美關係的對等性，而且糾正了舊條約中一些不平等的條款和內容，但是有兩個市民關注的核心問題沒有得到解決：第一個是駐日美軍的刑事裁判權問題；第二個是駐日美軍基地核武器化問題。

在《美日安保條約》中，駐日美軍的刑事裁判權問題依舊是按照美國法律來解決，即如駐日美軍有任何違法問題，日本政府都不得干預，而且新的條約不僅沒有解除美軍在日本安放核武器的問題，日本政府還主動支持美軍在日本安置核武器，這種做法令日本市民非常失望。由於日本政府的愚蠢決定，隨即引發日本全國大規模的抗美遊行示威活動，以示對此條約及美日兩國政府的不滿。

自日美開始修約談判起，日本市民已掀起戰後最大規模的社會運動，即首次安保鬥爭。1959 年 3 月，日本多個社會團體召開大會，自發組成阻止修改《美日安保條約》國民會議。到 1960 年 3 月，參加國民會議的組織已達到千個。5 月 9 日，國民會議進行第 16 次統一行動，提出解散國會和對當時日本內閣大臣岸信介內閣的不信任案，令鬥爭逐漸進入高潮。加上時任美國總統艾森豪威爾（Dwight David Eisenhower）計劃於 6 月 19 日訪日，而條約要在國會通過 30 天後才能自動生效，所以日本國會最遲要在 5 月 20 日前通過該條約，因此，岸信介政府和自民黨於 5 月 19 日深夜決定強行通過該條約，使安保鬥爭急劇高漲。

人類永遠會犯上相同的錯誤，岸信介政府強行通過的做法，令抗議活動升級，多達 7,000 名日本學生衝入國會與 3,000 多名防暴警員發生衝突，當中更發生人命傷亡。由於一名學生被打死，令矛盾進一步激化，迫使岸信介政府去信請求艾森豪威爾延期訪日或取消訪日；雖然沒法阻止條約生效，但民眾卻成功促使岸信介內閣問責下台，以及令艾森豪

威爾終止訪日行程，這正正是民主社會能夠體現的群眾勝
利。

　　由安保鬥爭可見從政者漠視民眾的後果是非常嚴重的，
如果引發如此大的政治事件，從政者均毋須問責下台，對國
民來說真是一種悲劇。

令和 1 年 – 令和 2 年（2019－2020）

淺談日本天皇的歷史由來

2019 年 10 月 24 日（信報）

日本天皇德仁在今年度 5 月 1 日正式接任，成為日本第 126 任天皇。日本天皇作為日本的精神及文化象徵，其政治影響力雖然已經不存在，但在日本國民心中其地位還是神聖的。根據《日本國憲法》，天皇是「日本國以及日本國民整體的象徵」，主要職責是任命內閣總理大臣、批准國務大臣的任免、簽署法律和命令，以及進行禮儀性的外交事務等等。

不過，在過往的歷史中，天皇往往扮演著重要的角色，而且其「萬世一系」更加是很多歷史學家研究的課題。本年度，日本正式走向令和時代，我在此，想與大家分享一些日本天皇的相關事項，令大家對日本這個神秘皇室有點基本了解。

日本皇室的起源要由日本的文獻《日本書紀》說起。《日本書紀》是公元 720 年由日本第 40 任天皇天武天皇的兒子舍人親王負責編輯完成的。全書共 30 卷，內容主要記載從上古眾神時代到持統天皇時代（第 41 任天皇）的編年體歷史事件。

此古書中指出，神武天皇是日本第一任天皇，也是神道教天照大神的後裔，不但建立了最早的大和王權，更是日本開國之祖及天皇家族的起源。可是，考證神武天皇的真實性，確有一定難度；而在歷史及考古學層面上，第一位可以考證的天皇，均要數到第 10 任天皇崇神天皇，坊間亦流傳崇神天皇才是大和王權的開創者。

再者，日本天皇以「神之後代」的身份自居，這種神人合一的手法既能夠提升天皇的形象，又可以穩固其政權，可見天皇非常懂得善用這種政治宣傳手法。

此外，姓氏對普羅大眾來說是很普通的東西，但日本皇室是沒有姓氏的。由於天皇是神之後裔，所以沒有需要冠以姓氏來區分，沒有姓氏的天皇，更能展現出其神秘背景。在歷史上，日本人最初是沒有姓氏的，姓氏在日本稱之為苗字，在日本的古書《古事記》及《日本書紀》中，都會發現當中的人物都是沒有姓氏的，只有一部分皇族、貴族和武士才有姓氏，例如源氏、平氏、藤原氏等等，而且都是由天皇親自賜予的。

全國性推動的，則要去到明治維新時期，因為當時的日本政府下達《平民苗字必稱義務令》，強制要求每位日本人都要有自己的姓氏，才令日本產生那麼多不同形式的姓氏。

天皇在日本多年來以「現世神」自居，如非二戰投降及在美國的威逼下，昭和天皇（第 124 任天皇）理應不會否定天皇作為神的地位而間接宣告天皇只是普通人，令家族多年建立的形象毀於一旦。

　　當然，戰敗國往往沒有討價還價的空間，天皇不用被廢除，已算萬幸。希望新任天皇可以繼續發揮天皇的價值及精神，令「萬世一系」能夠繼續走下去。

安保鬥爭風向轉變的啟示

2019 年 10 月 29 日（信報）

　　日本曾於 1960 年代爆發一次大型的反美活動，稱之為「安保鬥爭」。日本自從那個世代後，間中都會有反美示威，例如沖繩反美軍抗爭等等，但聲勢和人數都大不如前。對於新世代的日本青年來說，特別在東京都中，反美絕對是癡人說夢，由於美國的自由民主思維造就了今日的日本，以中國內地的說法就是「沒有美帝，哪有新日本」。再者，現在還有部分日本人都以移居美國為最大目標，所以要推動什麼反美活動都難以成功。

　　當年的反美示威中，警察的過分暴力曾是傳媒追訪的重點，也是令活動得以成功的一個原因；政治人物的一念之差，往往會令運動更容易走向成功。當時引發日本「安保鬥爭」的首相岸信介，即現任日本首相安倍晉三的外祖父，他曾參與第二次世界大戰，戰後被裁定為甲級戰犯，後來卻意外地沒被追究責任，最後還當上首相，其戲劇人生被日本政壇稱為昭和時代的「妖怪」。

　　可惜，岸信介的作風保守，熱愛權力，正正因為他的自負及漠視民意，強行通過新的《安保條約》，激怒日本民眾，示威人士便包圍首相官邸，並高舉「反對安保」、「打倒岸

內閣」的標語。1960 年 7 月 14 日，岸信介參加自民黨新任總裁池田勇人招待會時，遭右翼團體成員刺傷，最終在 7 月 19 日宣布下台，結束其 3 年半執政生涯。

民眾要對付國家機器一點都不容易，在運動的尾聲可見整個反美風向大變。由於示威者的行為愈來愈激進，令大部分媒體對「安保鬥爭」的報道由正面變成負面，不但給予政府及警方有機會洗底，更加在媒體的大力宣傳下，令警察變成保護無辜國民的正義英雄。

政治無處不在，曾經發生的事件，都會以相同的情況發生，無論手法或過程。究竟是人類多年來都沒學懂政治，還是人類從來沒汲取歷史上的教訓呢？只要學生的行為變為激進，國家機器及一班親政府人士及媒體就會大力宣傳，目的就是令市民大眾從叫喊「學生加油」變成「反對暴徒」，現在香港正正上演這一場戲碼。

只要焦點一轉移，所有示威活動都難以得到支持，由於政府擁有最大量的社會資源，只要全天候加強宣傳，化解政治矛盾只是時間問題。政治人物下台問責一定需要，雖然日本國民成功令時任首相岸信介下台，但最終反美都是失敗的，在政治上只可以說是慘勝；到新上台的首相池田勇人大打經濟發展牌，把大家的注意力轉為經濟發展，成功令示威活動大減，從而令日本在往後日子正式走向順民路線。

安倍晉三的新時代

2019 年 11 月 29 日（信報）

自 9 月改組內閣後，日本首相安倍晉三一直希望實現長期執政，為其大計而努力，當中包括擺脫通貨緊縮、少子化和老齡化、修改憲法第 9 條等等政治議題。到 11 月 20 日，安倍終成為日本憲政史上歷代首相在位期間最長的首相，包括其第一屆內閣在內的累計日子，終於達到第 2,887 天，超越二戰前的首相桂太郎的 2,886 天。

對安倍來說，這成就對政府有沖喜之用。自 9 月開始，安倍政府都是諸事不順，不但出現主要內閣要員請辭及疑似以公款招待「自己人」的賞櫻會醜聞，國會更出現反對中國領導人習近平訪問日本的聲音。今次安倍成為史上在位日數最長的第一人，絕對可以給予現行政府體系一大推動力及一洗頹風。

對於成為史上第一人，安倍在首相官邸向媒體表示，將以挑戰者的心態創立令和新時代。日本近代的首相在任時間短暫，除小泉純一郎之外，大部分首相約 1 年便要下台，包括鳩山由紀夫、菅直人、野田佳彥等等；2011 年發生 3．11 東日本震災與福島核事故，政府的處理手法令國民感到失望，所以 2012 年安倍東山再起，第二次組閣並成功處理「扭

曲國會」（「扭曲國會」是在日本政壇的政治用語，指執政黨在眾議院過半數、在野黨在參議院過半數而造成國會眾參對峙的狀況）的問題，重新贏取國民支持。

安倍是近年日本最成功的領導，雖然他的「安倍經濟學」評語好壞參半，但其管理哲學絕對值得從政者及當權者參考。安倍對內大力推動改革，秉持經濟優先的原則，而且透過一系列的金融、財政政策及激發地方消費，成果有目共睹；對外方面，安倍意識到穩定日本對外的政治情勢，才可以維繫國內經濟的暢通和流動，於是採取非常進取的作風，積極四出訪問，當中出訪美國最多，強化日美同盟的細節。

此外，安倍積極發展與俄羅斯的關係，由於過去兩國在北方四島（俄羅斯稱的南千島群島）的主權問題爭吵不休，因此，他過去多次在公開場合與俄羅斯總統普京交流，希望重啟有關談判。過去的經驗令安倍明白發展與中國的外交關係的重要性，所以他主動改善中日關係，令一度緊張的中日關係重上正軌，因為不懂處理外交，便換取不到一個國家的國際生存空間。

現在，日本進入安倍政權的第七個年頭，在沒有競爭對手的情況下，可以無後顧之憂向其最大目標「修憲」進發，雖然「修憲」之路阻力重重，但在其帶領下，日本定必走向新時代。

淺談日本國安法

2020 年 5 月 26 日（信報）

近期最令人關注的新聞，必定是第 13 屆全國人大第三次會議審議「港版國安法」，草案主要針對禁止 4 類行為，包括顛覆國家政權、分裂國家、恐怖活動和外部勢力干預。世界各國都有相關的國安法令，尤其是國家安全這課題於美國「9·11」事件後，各國都特別小心處理，所以訂立法例懲治叛國行為是說得通的。我想借此機會和大家分享日本現時是如何處理國家安全問題。

日本現行的法令以《刑法》為最主要的核心，對於「外部勢力干預」、「顛覆國家秩序」、「暴力行為及騷亂」等都有指定的條例作出監控。

暴動判刑與港相似

《刑法》第 2 編第 3 章中的第 81 條至第 89 條，明確規定了與外國勢力相關的一系列條例，稱為「外患罪」。當中包括「外患誘致罪」、「外患援助罪」、「外患預備罪」及「外患陰謀罪」等等，一系列的條例明確顯示出日本對於相關的叛國行為，絕對是零容忍。當中的「外患誘致罪」及「外

患援助罪」的判罰，最高更可判處死刑。每一個國家都難以接受有「叛國者」及「賣國者」的存在，故以死刑為最高罰則可以理解。

對於「顛覆國家秩序」，日本於《刑法》第 2 編第 2 章中的第 77 條至第 80 條內規定了一系列的「內亂罪」，包括「內亂預備罪」、「內亂陰謀罪」及「內亂幫助罪」。該系列罪名適用於處置顛覆國家秩序、破壞國家統治機構，試圖發動政變等行為的團體與個人。「內亂罪」與「外患罪」一樣，都可判處死刑，特別是犯罪首腦，就算不是死刑都會是無期徒刑。日本歷史上最著名的奧姆真理教教主麻原彰晃，當年策劃東京地鐵沙林毒氣事件，正正是違反了一系列「內亂罪」。

對於任何騷擾日本社區安全及以暴力手法危害地區安全的行為，日本《刑法》中的「騷擾罪」可處理相關的問題，此條例指出犯罪者透過暴力、脅迫等行為危害區域安全，最高可判入獄 10 年。近年來，香港多了人犯上「暴動罪」，而相關的最高刑罰都是入獄 10 年，可見有關刑罰是一般先進社會的指標。

香港作為中國的特別行政區，過去 1 年發生多場動亂，加上《基本法》23 條遲遲未能立法，自然令中央政府下決心防止香港成為國家安全的缺口，所以無論是政治層面或戰略層面，北京行這一步可以預示，不存在驚訝，只是相關細節未有定案，令部分香港人感到擔心。

官方或可參考日本的現行操作，令法例在香港有效推動。

解讀日本菅氏內閣的全新安排

2020 年 9 月 30 日（信報）

　　菅義偉代替安倍晉三出任日本第 99 任首相，任期直至明年 9 月，雖然他明言會繼續走安倍原有的政策道路，但其內閣的組成絕非了無新意。我曾指出菅氏有決心作出改革，為了突顯其政權與別不同，在內閣任命方面有一定驚喜，包括安排原本的防衛大臣河野太郎擔任行政改革大臣，雖然官位比防衛大臣低，但其實是「明降實升」，一方面顯示菅氏精細周密的用人技巧，另一方面可藉著給予河野重任，借助他的行動能力來改革現行敗壞的行政架構。

　　日本媒體報道河野變相成為內閣行政第二把手，對於豪言未來要做首相的他來說，這一步絕對值得一試。日本行政敗壞源於經濟泡沫時期入行的政客及公務員，這批泡沫精英大多處於高位，表現卻不稱職，河野要在短時間內徹底清除山頭文化及行政盲點有一定難度，故甫上台先來一個下馬威，會見傳媒時直斥各大臣，按照慣例輪流舉辦記者會至凌晨的方式是浪費時間，最好即時取消這種前例主義下的產物。為了達成這目的，河野於其個人網站設立任何人都可發文的「打破縱向領導 110」熱線，希望推倒「縱向領導」和直接聽取民意。

　　菅氏除了在行政改革方面付出心思，也致力打破本位主義，他任命前情報通信技術大臣平井卓也擔任數碼改革大臣（Minister for digital transformation），主要負責數碼化防疫措施，並創立「數碼廳」政策。此外，為了準備 2025 年大阪關西世界博覽會，內閣亦新增世博大臣（Minister for the World Expo 2025）一職。

　　眾多任命中，最多人討論的一定是防衛大臣，由安倍胞弟岸信夫擔任，但我認為這任命可說是一把雙刃刀，一直以來岸信夫都是保守親台派，而且沒有什麼特別輝煌的政治功績。

　　今次首度入閣，相信與其豐富的外交經驗有關，和胞兄安倍一樣，岸信夫都屬自民黨中極端民族主義一派，簡單而言就是不願反省過去戰爭及主張島嶼糾紛中日本擁有主權，加上岸信夫素來在台灣有「安倍晉三代言人」的稱號，曾經多次就台灣問題發聲，菅氏選擇他，應是因為其鷹派作風有助安撫黨內以大日本主義至上的派系，但強硬路線恐難建設良好日中關係，特別是菅氏於本月 12 日曾表明不希望與中國為敵，早前亦與國家主席習近平舉行電話會談，所以岸信夫會不會以大局為重，減少與台灣接觸，將會是大家關注的焦點。

　　無論如何，日本作為主權獨立的國家，在地緣政治上真是要有自己的一套想法，如果任何時候都盲目支持美國，這種路線對於日本而言絕非上策。在安倍時期，日本跟中國重建友好關係，借助中國為安倍經濟學注入不少實際效益，可是自從中美爆發貿易戰，日本在美國壓力下全面歸隊。

除了防衛軍費之外，日本還增加預算利誘在中國的日企回流或往其他地方發展，這些措施與美國總統特朗普要求美企撤離中國如出一轍。現今全球疫情大爆發，多個行業深受影響，繼續走對抗中國的路線，對日本國民不是一件好事。未來菅氏政權如何處理與中國的關係及改變日本，大家拭目以待，希望這位「令和大叔」比安倍做得更好。

令 和 2 年 – 令 和 3 年 （ 2 0 2 0 - 2 0 2 1 ）

日本靖國神社的罪與惡

2020 年 10 月 23 日（信報）

靖國神社一直是日本與鄰國關係的其中一個問題來源，前日本首相安倍晉三早前高調到靖國神社參拜，是他於 9 月中卸任首相一職後第二度前往參拜。每年靖國神社舉行秋季大祭，安倍參拜後對記者解釋純粹為了表達敬意，但我認為，作為大日本主義支持者的安倍，自 2013 年後再次到靖國神社，存在明顯的政治動機。

戰犯合祀 天皇拒拜

由於新任首相菅義偉繼續走「安倍路線」，令安倍彷彿變成太上皇，參拜行動明顯是要使自民黨內部知道，他還存在一定的影響力。每次日本首相走入靖國神社，中國及南韓一定會作出譴責，這種譴責是必要的，因為靖國神社自 1978 年之後已成為軍國主義及大日本主義的象徵地標。

靖國神社前身是東京招魂社，建於 1869 年，原意是為紀念明治維新時期於戊辰戰爭一役犧牲的 3,588 名反幕府武士，1879 年正式改名為靖國神社。「靖國」兩字正正由明治天皇命名，出自中國春秋《左傳·僖公二十三年》的「吾以

靖國也。夫有大功而無貴仕,其人能靖者與有幾?」「靖國」兩字意為使國家安定,但現在神社內供奉了 14 名對二戰負有嚴重罪責的甲級戰犯,以及多達 2,000 名乙、丙級戰犯,當中包括東條英機、土肥原賢二、松井石根、木村兵太郎、廣田弘毅、板垣征四郎、武藤章、松岡洋右、永野修身、白鳥敏夫、平沼騏一郎、小磯國昭、梅津美治郎及東鄉茂德。

這 14 名都是罪行纍纍的甲級戰犯,把他們與一眾維新英靈放在一起作供奉,是對義士們的一種恥辱,而且戰犯合祀的問題正正是對侵略亞洲各國的肯定,個別政界人士繼續參拜,絕對有宣揚大日本主義及軍國主義的意圖。

靖國神社本是神道教下的產物,日本神道教作為國教多年,天皇乃神道教的代表人物,參拜英靈當然合乎禮節。明治天皇於 1874 年首次到神社,當時還叫東京招魂社,後來的裕仁天皇一直有參拜靖國神社的習慣,直到 1978 年後停止有關行為,就算到其兒子明仁天皇及現任天皇德仁都沒再去參拜。

2019 年靖國神社創立 150 周年,宮內廳提出極為罕見的「行幸請願」,盼時任的明仁天皇參訪,仍被堅決拒絕。由於天皇多年沒進入靖國神社,日本一些右翼組織認為天皇不參拜有違神道及對英靈的不敬,我認為這種思維與現實嚴重脫節,好像當地一個名為「靖國會」的組織,長期鼓吹日本軍國主義的精神,經常號召民眾積極踴躍參拜靖國神社,這班人更因出於對天皇的不滿,走到靖國神社門前切腹自殺,可見雖然投降多年,日本還存在法西斯及軍國主義的支持者。

精英政客 不認戰敗

天皇不再參拜靖國神社的原因很簡單，就是對合祀二戰甲級戰犯的不滿及供奉戰犯有違「靖國」之名。根據《日本經濟新聞》2006 年 7 月 20 日刊登已故前皇宮宮內廳長官富田朝彥的備忘錄，披露裕仁天皇生前對靖國神社 1978 年秘密合祭二戰甲級戰犯的不滿，並從此停止參拜靖國神社，所以只要神社一朝存在合祭二戰甲級戰犯，天皇料不會到訪。

這個政治現實，很多日本人到現在還是不願意接受，拒絕承認日本是戰敗國，繼續沉醉於過去的大日本主義世界，還相信過去那套「政教合一」的思維，特別是一班支持參拜神社的精英政客，諸如麻生太郎、小泉進次郎等現任菅氏內閣的成員。

日本當年一班主戰派及元老把天皇打造成最高神靈，推動一連串矇騙百姓的洗腦措施，令日本走上「瘋狂駕駛」之路，自命亞洲各國救世主四處「解放人民」，導致鄰國民眾遭下難以忘掉的慘痛回憶，現在仍未覺悟實在要不得。

最後想說，新任首相菅義偉令我非常失望，他口講希望與中韓兩國交好，另一方面卻學足安倍，向靖國神社獻上名為「真榊」的祭品，菅氏在任官房長官長達 7 年 8 個多月的時間裏，未曾參拜靖國神社，也沒供奉祭品。

現在菅義偉位居首相，就效仿安倍做法，可見未來難有自由意志改革日本，該國若繼續走大日本主義路線，將無望實現「靖國」理想。

安倍晉三賞櫻會風波

2021 年 1 月 12 日（香港商報）

　　日本前首相安倍晉三自辭任首相後，繼續成為傳媒關注的對象，由於現任政府繼續走其路線及政策，令到各界認為安倍在日本的影響力不但沒減，而且還有「太上皇」的味道，但我認定近期再談論的賞櫻會風波，絕對是對他的威信擊出了一記重拳。

賞櫻會風波爆發存政治動機

　　賞櫻會本來是日本首相每年都要主辦的公共事項，這傳統從 1952 年已經開始，每年 4 月中旬在東京的新宿御苑舉辦，邀請日本政官兩界及各方面的代表約 1 萬人參加。何解一個傳統活動會令到安倍如此頭痛？原因在於由 2013 年至 2019 年，安倍後援會每年均會在「賞櫻會」前一晚舉辦大型晚宴，宴請安倍的支持者。日本放送協會等日本傳媒引述消息報道，2019 年 4 月 13 日召開的賞櫻會，出席的賓客支付的費用少過晚宴實際所需。再者，主辦晚宴的安倍後援會，未能再就活動提供相關的支出紀錄及收據，所以引起了東京地方檢查廳特搜部的關注及調查。我認為這種所謂與民同樂

的活動，說到尾都只是假借公帑來舉辦的「圍爐」活動，但
今次東京地方檢察廳特搜部高調調查事件，明顯存在政治動
機。

　　東京地方檢察廳主要從違反《政治資金規正法》的方向
調查，《政治資金規正法》是 1948 年制定的法律。《政治
資金規正法》規定，政治團體每年必須提交政治資金收支報
告，此外還規定了政黨和政治家的資金管理團體 1 年內可從
單個企業收取的捐款上限，及各種集資宴會的限制。但是，
條例曾作出多次修訂，當中包括在 2007 年，資金管理團體
的經費支出中必須附帶收據發票；2008 年的修訂就規定，全
體與國會議員相關的政治團體，都要出示及提交所有收據並
有接受第三者監督的義務。此外，條例規定對於政治資金收
支報告書造假者，將處以 5 年以下有期徒刑或者 100 萬日圓
以下罰款等。不提交報告或者不紀錄收支等必須紀錄的款項
時，也會面臨同上的處罰。

安倍政治威信受影響

　　2020 年 12 月 24 日，東京地方檢察廳決定不對安倍提出
起訴，僅以違反《政治資金規正法》，向安倍第一秘書配川
博之提出簡易起訴，雖然安倍不被起訴，但已經影響到安倍
的政治威信，特搜部認為沒有證據顯示安倍參與製作收支報
告及知情不報，但日本網民就對特搜部今次放生安倍的決
定非常不滿，認為配川博之成了代罪羔羊。我認為賞櫻會風
波一直都是安倍的重大政治炸彈，而他認為自己選擇提早辭

職，就可以蒙混過關及轉移視線，但想不到還是受到如此的重擊。不過，安倍今次不獲起訴，事件可算告一段落。

當然，作為日本重量級政治人物，發生此事件必然要向國民道歉。在記者會中，安倍承認在任首相期間就事件在國會的答辯與事實不符，指自己對事件負有道德責任，但強調他不知道政治資金收支報告的會計處理，而且他不會辭去眾議院議員職務，及不會退出自民黨。

賞櫻會風波雖然對安倍的名聲及菅義偉政府有一定影響，但其影響比想像中輕，沒造成什麼危機，反而令安倍少了一絆腳石，安倍未來再挑戰首相之路又可繼續推動了。

令和3年－令和5年（2021-2023）

淺談日本的新資本主義論

2021年10月21日（信報）

自民黨總裁岸田文雄在10月4日的國會上，正式被推選為日本第100任首相，內閣人事安排都為外界關注。我認為，岸田這次的閣僚名單中，有13人為首次入閣，而最主要位置都留給前首相安倍晉三的盟友及前財相麻生太郎一派，可見今次「分豬肉」都是平衡派系的勢力，長遠難有作為。

岸田宣布於10月14日解散眾議院，在10月31日進行投票選出新眾議院，他這屆首相任期只得1個月左右，短期內談什麼內閣工作呢？當然他行此步棋，就是希望借助新政府上台的蜜月期及高人氣來進行選舉，但日本傳媒報道就認為岸田內閣的支持率略多於60%左右，所以下此步棋都是有風險。現時自民黨在眾議院的465議席中約佔276席，加上盟友公明黨的29席，基本上是完全控制議會，因此岸田認為他在新眾議院都可以順利被指名為首相，成為第101任首相。

雖然現在只上任一個月左右，但我認為岸田要長期執政，政策一定要有水準，而他提出的新資本主義路線的經濟政策，值得與大家探討一下。

岸田經濟政策著重增長與分配

岸田主要的經濟政策是以「新日本式資本主義」掛帥，但主要的核心思想是「增長與分配」。增長方面，岸田計劃透過綠色能源普及和建構保障經濟安全等來實現全面經濟增長，分配方面其實即是財富再分配。例如替員工加薪的企業可享稅負優惠，替護理和看護人員加薪，希望透過政策令到看護及保姆等前線照顧者的收入增加，刺激消費增長，改善貧富差距。

我認為，岸田這一分配政策其實即是中國推行中的「共同富裕」，其精神是一樣，只不過是在資本主義的框架下進行，由日本人包裝再出口。再者，「安倍經濟學」推行多年，其實即是美國式的「放水印銀紙」，不停利用量寬加大貨幣流動，但最終都是利好一班富人，而且全球經濟數據已經反映出事實，量寬下的資金根本沒有進入實體經濟，所以當年安倍晉三還要提高消費稅，這一步已經是錯誤，加大消費稅其實變相令窮者愈來愈窮。

社會上存在很多迷思，認為市場資源再分配或共同富裕等都難以在資本主義社會進行，是有違反資本主義的精神。但其實只要細心去剖析，就會發現市場再分配不單不會加大社會的負擔，反而會釋放出大量消費力，是可以真正改善經濟增長的原動力。

香港與日本的貧富差距一樣嚴重，而且都是市場資源嚴重失平衡，岸田要帶領日本作為資本主義國家走新資本主義

的道路，一點都不容易，但其可行性證明市場資源再分配或共同富裕不是社會主義國家的專利，資本主義都是可做到。

香港也可推動「共同富裕」

我認為，中國的共同富裕政策強調多元分配，根據中共中央總書記習近平在中共中央財經委員會第十次會議提到共同富裕時，指出共同富裕「是中國式現代化的重要特徵」，而且要「構建初次分配、再分配、三次分配協調配套的基礎性制度安排」。因此，日本要完全達到分配政策，釋放社會的消費能力，令到窮人變成中產人士，絕對要進行深層次的多次分配，才可以見到成效。

香港作為中國的一個特別行政區，雖然處於「一國兩制」的框架下，但正如我所說，資本主義社會下的香港其實都可以走再分配及共同富裕的路線，所以香港政府絕對要認真考慮一下，如何推動「新資本主義」或「共同富裕」。

破解岸田的新資本主義假面目

2022 年 7 月 18 日（明報）

日本首相岸田文雄上任後，一直都要突出自己是不同於前首相安倍晉三，而其主張的「新資本主義」更加不是「安倍經濟學」。但我認為這種說法只是一般政客的語言藝術，以下部分會詳述我的看法，先來結論，「新資本主義」只是「安倍經濟學 2.0」，而且根本無可能達成其「重新分配財富」的目標。

岸田主要的經濟政策核心思想是「增長與分配」，他曾明言新資本主義政策會積極介入經濟活動，同時致力於將所得重新分配，例如投資於人力資本、提高工資、創新與新創事業、關鍵供應鏈和綠能、鼓勵消費等。但可笑的是日本政府舉行了多次「實現會議」後，終通過其實行計劃，惟內容與其參選時所說的完全不一樣，「資產所得倍增」成了主力，說好的「所得倍增計劃」不翼而飛。

鼓勵炒賣投資 拉闊貧富差距

新定案中，政府鼓勵百姓投資資本市場，讓所得倍增。岸田表示：「以令和版所得倍增計劃為目標實現經濟成長，

這樣的果實能讓每一位國民，宛如加薪形式的實際感受。」據日本媒體報道，「資產所得倍增」計劃的內容，是呼籲民眾將個人金融資產從儲蓄轉為投資，給予個人投資者 5 年投資期內最高 610 萬日圓免課稅的優惠稅制「NISA」，或是允許把年金挪用到投資上，所獲利益全部免稅的「iDeCo」個人年金儲蓄制度。

我得知這計劃後的即時想法是，當時岸田說會要求企業加薪，令其可享稅務優惠，從而增加企業及員工的收入，現在竟是要國民用自己的錢來投資去增加收入，這絕對是笑話。

這種措施只會增加貧富差距，透過稅務優惠來鼓勵炒賣股票或投資基金，只會產生嚴重的「富者愈富，貧者愈貧」局面，基層人士的生活只會愈來愈困難。雖然岸田的計劃還指出會促進人力投資、促進初創企業發展、實現「碳中和」等政策，但這些政策都只是符合大方向，而且基本上與「安倍經濟學」無分別，完全沒什麼新意可言，絕對有安倍大推其「三支箭」政策的影子，一樣是放任寬鬆政策，利用靈活財政政策激發民間投資的經濟成長方向。

人做錯只要改過就可，政策都是一樣，明知安倍經濟學中存在問題及缺陷，但繼續推動下去，如這不是蕭規曹隨，我真是找不到一個合適說法。菅義偉如是，岸田亦是一樣，說到尾他們都只是已故前首相安倍的接班人，要幹什麼都要聽從黨內最大派系「安倍派」發號施令。安倍雖已離世，但其利益集團仍在的一日，單單由此「新資本主義」一事就已看出岸田文雄的才幹是什麼水平，首相之路相信不會長久。

淺談日本防衛白皮書的啟示

2022 年 8 月 1 日（明報）

日本早前發表新一年的《防衛白皮書》，而就內容中的炒作評論真是多如天上星星。

我曾於不同平台指出，這白皮書可說是了解日本在防衛及政策上的一本好簡單的入門書，自現任防衛大臣岸信夫上台後，主要內容都是圍繞「中國威脅論」，當然對中國來說這行為絕非友好。岸信夫是已故前首相安倍晉三的親弟，他在今年更將「台灣有事論」的元素加入白皮書，所以我想藉此機會同大家分享以下 3 個關注點。

先來結論——我認為這白皮書一點驚喜都沒有，沉悶而無明顯焦點，如不是掛著「中國元素」及中國外交部的強烈回應，真是不會有人關注。上年的防衛白皮書，以留下「我願意 7 次轉世報效國家」遺言的著名武將楠木正成作封面，雖然引起了大家的短暫關注，但岸信夫明顯沒有其兄長的才幹。如不是有關照，他這個防衛大臣的職位都不會預他，今年繼續「炒冷飯」，真是「衰到一個點」。

一、「和平來自威懾力」

今年白皮書帶出的第一個關注點就是「加強軍備競賽及開支」，這白皮書中的一個信息就是「和平是來自威懾力，如沒有明顯的軍備競賽，日本及印太地區都不會和平」。我認為，日本政府近年開始不斷合理化這觀點，明顯與內部派系勢力及日美聯合委員會的指令有莫大關係。

對普羅大眾來說，和平一般都是解讀為「沒有敵意及報復，誠摯地想要化解衝突、有健康的人際關係或國際關係等」。但岸信夫這份白皮書，就指出人民及國家想要得到和平，就需要莫大的「軍力」；如沒有軍力，日本就會被不同敵人攻擊及入侵，言下之意指出其敵人是中國、俄羅斯等國家。故此，日本政府提出 2022 年軍事預算要比上年度增加，達到近 5.5 萬億日圓，連續 10 年增長，創下歷史新高。

二、「中國威脅論」

第二點就是「中國威脅論」。基本上這論點不是新鮮事，美國一直都是以此來攻擊中國，及為保持「世界一哥」地位的偽命題。日本作為美日同盟的「鐵粉」，這方向是不會變的。白皮書指出中國大陸要建立「世界一流軍隊」的行為及強調大陸會武力統一台灣，都是對日本及印太地區的安全威脅。

我認為這種無中生有的說法，已持續了數年，且每次都是以此藉口來轉移日本國內的問題，相信國民眼睛都是雪亮的。這種了無新意的說法，只會令人愈來愈覺得政府無能。前首相安倍晉三離世後，其遺孀安倍昭惠已對「安倍派」眾人表明立場，及希望大家繼續走安倍想走的道路，故此自民黨中的反華聲音不會減低，而會繼續增加。

我認為，安倍昭惠已成為安倍派的「武則天」，可以繼續運用其丈夫生前的政治資源，指點江山及影響政府運作。現任首相岸田文雄本計劃 9 月有新的人事安排，相信都會有變數了。

三、太空軍事競賽

最後，白皮書指出日本會在太空領域推動不同措施。我覺得每年最值得留意的，都是太空方面的東西。作為動漫大國的日本，以宇宙為主題的作品非常多，創意十足。因此，2020 年成立「宇宙作戰隊」時，大家都非常期待；但最終主要任務就是監視太空垃圾、人造衛星等，變成宇宙「垃圾清潔隊」後就沒人再關注。

惟我認為，宇宙作戰隊與該國宇宙航空研究開發機構（JAXA）、美軍合作建立長期太空監視系統，是另一種軍事競賽。岸信夫曾受訪表示，透過把太空、網絡及電磁波等新領域跟陸海空傳統領域相結合，來適應各種不同戰爭，是非常重要，所以我認為日本藉「清潔太空垃圾」為名而成立作戰隊，實際考量是為了在即將到來的太空控制權爭奪上提

前佔有一席之地,以及配合美國太空作戰部隊,牽制中國和俄羅斯。

　　日本作為「和平憲法」下的國家,理論上是無必要每年加強軍力;時常挑釁鄰國耐性、挑戰底線,最終只會自食其果。

岸田新內閣的重要政治意義

2022 年 8 月 15 日（明報）

近日，日本首相岸田文雄作出重大的政治操作，他同一時間改組其內閣及自民黨黨內高層人事。我認為岸田這次操作有兩大目標，包括長期執政及平衡自身在中美之間的位置。

改組前，岸田內閣支持度已經下滑至四成六，主要原因是國民質疑自民黨多名政要與「世界和平統一家庭聯合會」（簡稱統一教）有關，加上前首相安倍晉三之死，令近期多間日本媒體踢爆岸田內閣多名閣員及自民黨中，都有多人與統一教有關係，當中更牽涉政治捐獻等敏感問題，所以岸田在人選方面除了考慮經驗及實力之外，考量與統一教的關係，亦是其中一個重點。

平衡黨內勢力 圖開啟新時代

今次不能留任的閣員，包括以下 7 人：防衛大臣岸信夫（安倍晉三的弟弟）、經濟產業大臣萩生田光一、文部科學大臣末松信介、國家公安委員長二之湯智、經濟安保擔當大臣小林鷹之、地方創生擔當大臣野田聖子和環境大臣山口

壯。他們都與統一教有糾葛，所以大眾觀感會覺得岸田的動作是想切割與統一教的關係。

但我認為，岸田只是假借透過大量減少與統一教有關的閣員，美其名希望減輕民眾疑慮，惟實情是冀望藉安倍晉三的離世，重新平衡各派系勢力，令各派系都可以有代表入閣，當中包括無派系人士。

從自民黨各派系的入閣人數來看，作為最大派系的安倍派和第三大的麻生派，分別有 4 人；茂木派和岸田派各有 3 人；二階派則有兩人。各派系入閣人數相當均衡，而岸田在黨內高層單位的安排都是用相同邏輯，用以團結黨內勢力換取長期執政，開啟「新岸田政權時代」。

我認為坊間的「切割統一教」想法是不可行，因統一教已滲透日本政治，自民黨只屬其中一部分，而且用這方法就想令國民覺得統一教問題已解決，是不太可能的。

如果新找來的內閣成員與統一教是完全零接觸及零糾葛，減緩疑慮是有可能；但岸田新內閣仍有 7 名成員跟統一教有關，包括外相林芳正、經濟安保擔當大臣高市早苗、地方創生擔當大臣岡田直樹、環境大臣西村明宏、厚生勞動大臣加藤勝信、總務大臣寺田稔，及經濟再生擔當大臣山際大志郎。

此外，我認為新任命的安排，對於中日關係、台灣問題等都有一定啟示。首先，在防衛大臣的任命上，岸田選用老手濱田靖一，他明顯是看中其多年的防衛官經驗（1998 年小

淵惠三首相時期，濱田出任防衛政務次官；2003年小泉純一郎時期，任防衛廳副長官；2008年麻生太郎時期，出任防衛大臣）。另一方面，濱田作為自民黨內的無派系人士，沒有派系包袱，相比岸信夫，他算是黨內溫和派，所以我認為，岸田起用他是希望避免與中國發生不同形式的軍事衝突。

料續跟美國強硬對華路線

雖然新防衛大臣的任命似乎對中方有利，但我相信日本現在已很難走回頭路，因為日本未來要完成修憲及保持政治大國地位等問題，缺少美國的支持是難以成事，所以只會繼續跟從美國的對華強硬路線，從而爭取美國的支持。

由任命高市早苗為經濟安保擔當大臣，就可見岸田要保持對華強硬的一面。高市是有名的反華派及安倍路線支持者，在中國大陸解放軍展開台海軍演後，她高調發文重申安倍的「台灣有事論」。

我認為，由於她主要負責智慧財產權戰略、科學技術政策、經濟安全保障等議題，她絕對會以「中國威脅論」等偽命題來加強審視日本產業在中國的活動，及干預中日之間的友好經濟與科技合作交流。

故此，岸田新內閣快速成軍，雖然感覺上都是著重在安保及對外方面，對國內問題有點逃避，但岸田一心決定要走這路線，只可祝他好運。

令 和 3 年 – 令 和 5 年 （ 2 0 2 1 – 2 0 2 3 ）

不停消費安倍晉三 岸田政權仍難自救

2022 年 10 月 27 日 （明報）

日本前首相安倍晉三去世後，現任首相岸田文雄不理會國民反對，堅持舉辦國葬，當中主要原因是希望藉著安倍剩餘的政治力量來保持自身權位，一方面掛著延續安倍的政治精神和遺志去推銷自己及自民黨，另一方面就是想轉移所有與統一教有關的焦點。我認為岸田不停消費安倍的行為，與好多大球會不停消費歷史及球員沒分別，一樣令人咋舌。當然，有受眾就有此行為，但岸田長遠都難自救，原因可分為思想及現實層面。

太輕視新世代國民聲音

在思想層面上，消費死者初期成效會好顯著，因人類往往容易受感情影響。當時新聞鋪天蓋地，當中又掛著恐怖主義、民主自由及國民情懷等元素，國民自自然然被洗腦都不知道，而看不透背後的政治操作，成為了岸田的棋子。所以，初期岸田政權的支持度是上升的，而且幫助到自民黨勝出選舉，但日本國民的眼睛比瘋狂球迷為之雪亮，起碼不會盲目支持其所做的一切。

在最新的日本共同社調查中，岸田內閣的支持率跌至三成五的新低，較 9 月時下跌了 5.2 個百分點。我認為，岸田及其黨友都犯了典型日本政客的錯誤，就是太輕視國民及新世代的聲音，他們慣性覺得國民是善忘及愚蠢的，所以可以不用理會他們的意見；而且岸田等人常將國家利益及經濟掛在口邊，其實即暗示犧牲國民都沒關係，因為「我是為了國家好的」，所以大打「反華牌」、「台灣有事論」及壯大國內右翼聲音。這種思維導致的因果關係，將會是岸田政權走向失敗的一個核心關鍵。

現實層面方面，目前好多資料都顯示自民黨與統一教的關係是密不可分的，他們「私相授受」，國民都看在眼裏。雖然岸田在 8 月 31 日記者會上，已就閣僚與統一教的關係致歉，更表示會積極調查黨內人員與統一教之間的關聯，但自民黨的 379 名國會議員中，就有 179 人與統一教有關，包括安倍親弟岸信夫、政調會長萩生田光一等，都曾參與統一教活動，當中不少人還牽涉金錢往來。

我認為在大量負面新聞下，岸田及自民黨那種「此地無銀」的表達方式，反而是幫不到忙，所以岸田為了自救，於 10 月 17 日指示要調查統一教；一旦查出有違法令，將考慮申請解散令。不過，我認為成事機會好微。由於岸田表示會運用《宗教法人法》下的質詢權展開調查，以我了解，現時條例中的質詢權使用對象範圍，是涵蓋不了像統一教這種宗教團體；如不修訂行使質詢權的標準，這指令都只是空話。

第二方面，今年是中日兩國邦交正常化 50 周年，但近年日本在外交上處處與中國對抗，而在一些大是大非的政治

立場上，都選擇站在其盟友美國的身後，令中日兩國關係愈趨緊張。雖然岸田曾表示「日方願同中方一道，著眼下一個50年，推動構築建設性、穩定的日中關係，共同促進兩國、地區和世界的和平與繁榮」，惟我認為岸田的口不對心及語言藝術都愈來愈像安倍，一方面對中方說好話，但在國內就容許各大傳媒不停發放有關中國的負面新聞，令日本人民對中國的印象流於負面。

倘續執迷不悟 下台之路不遠

不過岸田忽略了新世代的看法——日本內閣府於2021年度向3,000名18歲及以上日本人詢問對中國的親近感，結果在各年齡層中，18至29歲日本人回答「有親近感」的佔最多，高達41%；有關今後中日關係發展的問題，約九成年輕人認為重要。可見在新世代之間，中國的軟實力已佔了一定地位。岸田政權繼續走大日本主義路線，不停挑釁及挑戰中方底線，這種去中國化行為只會加深兩國人民的仇恨。

最後，我認為岸田政府應盡快改變政治路線，不應繼續走安倍留下的道路，主力為國民做多些實事，改善其生活，不應不停找政治稻草人來轉移視線。如繼續執迷不悟，其下台之路就不遠了。

淺談岸田文雄之施政大計

2023 年 11 月 6 日（信報）

近期每個香港人都聚焦在行政長官李家超的《施政報告》，日本首相岸田文雄亦於早前 10 月 23 日就其施政想法發表了演說，在日本稱之為「所信表明演說」，而今次岸田在第 212 屆臨時國會的演說，我認為具參考價值，值得同大家分享一下。

今次演說主要集中在經濟、社會、外交等方面，但我想集中探討經濟層面上的施政，岸田認為過去 30 年來，日本經濟一直將「削減成本」放在第一位，無論是對人的投資、對薪資的投資，甚至對未來的資金投入和研發投入等等，不斷削減成本導致消費和投資停滯，形成了「低價格、低工資和低成長」這種惡性循環。

此外，岸田表示，日本經濟正面臨 30 年來首次轉型的獨特機會，在克服了新冠肺炎疫情造成的 3 年困難期後，經濟狀況正在改善，薪資水平 30 年來首次增長 3.58%，而且資本投資 100 兆日圓創歷史最高水平，稅收收入也不斷增加。為了好好把握這次機會，他決心採取前所未有的大膽步伐，把「回饋國民」及「強化供給力」作為兩大重要目標，推動國內經濟發展。

　　我認為岸田明言希望其新資本主義政策可以幫助到日本經濟，其實都是為了延續他的管治生涯。岸田內閣現在處於水深火熱之中，經過多次內閣醜聞之後，民望已經跌至歷史低位，所以他期望透過一些社會政策能夠挽回民心，而他所謂的「新資本主義」其實只是「安倍經濟學 2.0」。

說好的「分配」呢？

　　我曾經在過去的文章中指出岸田主要的經濟政策核心思想是「增長與分配」，他曾表明新資本主義政策會積極介入經濟活動，同時致力於將所得重新分配，例如投資於人力資本、提高工資、創新與新創事業、關鍵供應鏈和綠能、鼓勵消費等，但今次演說中他只提出將會與執政黨研究減利得稅、擴大重點支援地方財政轉移支付的制度框架，及延長汽油費、電費及燃氣費補貼到明年春季。我認為這些措施完全談不上什麼「新資本主義」，因為核心思想中的「分配」沒有明確的「說明書及路線圖」，今次只是用「強化供給力」這說法，這樣是難以做到市場資源再分配或共同富裕，所以對岸田這次演說有點兒失望。

　　除了持續開「新資本主義實現會議」之外，我認為岸田在經濟政策方面有些技窮，可能國內及黨內壓力愈來愈大的關係，惟有不停在外交上「搞搞震」，才可以轉移國民注意力，但就折騰了中日友好的關係。

選舉與政治變革

令 和 1 年 （2019）

淺談日本令和時代首次選舉

2019 年 7 月 6 日（信報）

2019 年 5 月 1 日，日本進入令和時代，7 月 21 日將會舉行第 25 屆參議院選舉，我希望用少許時間分享選舉的小知識，方便大家了解及認識日本的政治環境。日本的政治主要是實行責任內閣制，內閣總理大臣和內閣主要成員均由議員組成。在日本，國會是最高國家權力機關，是國家唯一的立法機關，由眾議院和參議院組成，現時眾議院有 465 名議員，參議院有 242 名議員。

參議院是日本國會的上議院，1947 年隨著《日本國憲法》的施行而成立，議員任期為 6 年，每 3 年對半數議員進行一次改選，今年將會是令和時代的首次選舉。眾議院是日本國會的下議院，最早於 1890 年隨著《大日本帝國憲法》而成立，1947 年後則依照《日本國憲法》而改為現制。現在有 465 席，每 4 年改選一次，但設有中途解散制度，解散機制是內閣總理大臣（下稱「首相」）的專有大權。

雖然《日本國憲法》第 67 條規定首相須經國會決議在國會議員中提名，即參眾兩院的議員都有機會上位；不幸的是，在過去歷史中，參議院從未產生過一位首相，歷任首相都是由眾議院議員出任，包括現任的安倍晉三都是眾議員出

身，其選區是山口縣第 4 區。雖說兩者機會都是一樣，但內閣成員大部分由眾議院產生，所以眾議院在政治上比參議院有更大的影響力和地位。

說回今次參議院選舉，7 月 4 日先公示候選人，7 月 21 日正式投票。今屆埼玉選區的議席從 3 席增至 4 席，並增加兩個比例代表，除去非改選議席，選舉區的 74 席加上比例代表的 50 席，一共有 124 席候選人競逐。參議院的選舉方法，主要分為地方選舉區及比例代表選區，與眾議院選舉的最大分別是，沒有雙重候選制度。

簡單來說，由於不同地方選區選出來的議席數目都不同，如超過一個議席，就會用大選舉區制，即多議席單票制選出，在日本稱為「單記非移讓式投票」（single non-transferable vote）；如果只得一個議席，就會用簡單的小選舉區制，即單議席單票制。

作為從政者，完善的選舉制度是非常重要的，而且可以增加當選機會。眾議院是最代表日本民意的議會，其選舉方式更加值得香港人學習。

雙重候選制度堪參考

雙重候選制度，即是小選舉區及比例代表制。在該選舉制度下，每位選民擁有小選區票與比例代表票各一，共選出 289 名小選區代表與 176 名比例代表，合計 465 名。這制度最有趣的，是候選人可以同時出現在小選區候選名單與比例

代表候選名單之中。在這種制度下，候選人一旦在單一選區獲勝，便會從比例候選名單中剔除而順位遞補；若落選，則可依政黨得票分配席次而「敗部復活」，香港政客那麼擔心議席得失，我提議特區政府認真考慮這個方法。

安倍晉三所屬的自民黨，要繼續控制參議院過半數議席，除了要同執政聯盟盟友公明黨繼續合作之外，自身都要努力；今次 121 席改選中，自民黨佔了 68 席，公明黨已佔 11 席。

要成功保住地盤，處理社會關注議題上的取態，便變得重要。現時，日本社會充斥很多問題，包括修改憲法第 9 條、10 月開始的消費稅、養老金問題、國民社會保障援助、核能問題、美國駐軍問題等等。每一項都可以影響選情。

我認為，雖然在野黨近年多次挑戰執政聯盟失敗，但他們用不信任動議等手法，已經成功吸引市民的關注，當中以養老金不足 2,000 萬日圓的《金融廳審議會報告書》最令市民氣憤不安，而且副首相麻生太郎把責任推到金融廳，令市民開始反思是否繼續支持執政聯盟。今次在野黨會否成功以此議題挑戰自民黨的地位，大家真是要拭目以待。

令和首次參議院選舉 看點十足

2019 年 7 月 17 日（信報）

7 月 6 日，我在本報淺談了日本國會選舉的一些小知識，今次我想分享一下本月舉行的參議院選舉當中將衍生的多重意義，以及對日本未來的政治發展有什麼啟示。

參選女性創新高

今年 7 月 21 日將會舉辦的第 25 屆參議院選舉，自 7 月 4 日公示候選人後，各黨各派的候選人已四出拉票，亦邀請了不同眾議員或內閣成員站台。在安倍晉三的個人社交平台可見，他除了拍攝大量宣傳片之外，更為其自民黨成員站台，無論是千葉縣、福島縣、宮城縣、滋賀縣、新潟縣等地方，他都以其高人氣來幫一幫黨友，可見今次他只許成功、不許失敗的決心。

對於安倍晉三個人來說，這次選戰是創造歷史的重要一役，只要自民黨及其盟友公明黨能夠成功保住現時的議席，其連任日本首相的機會就十拿九穩，不但可以繼續推動他的安倍經濟學、憲政改革等工作之外，而且更可挑戰日本「史上在任最長時間的首相」的美譽。現時日本歷史上在任最長

的首相是明治維新元老之一的桂太郎，這位前台灣總督在任時間長達 2,886 日；我相信這個超過一世紀的紀錄，如無意外都會被安倍晉三打破。

在國家層面上，安倍晉三為了達成其政治目的，寧願賠上國際聲譽都要恢復商業捕鯨活動。這宗國際事件明顯是要鞏固其黨在地區的支持度，由於傳統捕鯨地區大多是自民黨的票源，而且養活了多位國會議員，當中包括安倍晉三自己。

在日本主要的捕鯨地區包括山口縣下關市、和歌山縣太地町、千葉縣南房總市等等，都是自民黨的主要票源，加上多位知名政客都是出自這些選區，當中包括江島潔、濱田靖一、石田真敏、二階俊博、岸信夫等等，可見捕鯨業的影響力是何其巨大。我認為盲目支持這種夕陽行業，以支持自身政權，雖然可達到其短期政治目的，但長遠而言是非常不智的。

在日本這個男權主導的傳統社會，女性參政的人數一向非常少，自 2018 年 5 月 16 日通過《政治領域男女共同參與推動法》後，鼓勵及要求政黨讓更多女性參選角逐議員，以改善政界男女比例失衡的情況，今次參議院選舉將會是法例通過後首場大型選舉。

根據日本《讀賣新聞》的數據，本次的參議院候選人一共有 370 人，當中女性參選人是歷來最高，一共 104 人，佔整體 28% 左右，而且在野黨提名的女性候選人比起執政聯盟的還要多。

在眾多選區中，我認為大阪府選區的話題性相對大一點，12名候選人中，有4位女性參選。12名候選人當中不少是知名人士，包括自民黨現任參議員太田房江、日本維新會現任參議員的東徹、立憲民主黨的「美女律師」龜石倫子、公明黨現任議員杉久武等等，而且日本媒體多以「美女大戰」來增加這場選戰的娛樂性。我認為現在日本投票率不高，過去兩屆參議院投票率都只有五成左右，傳媒用這些手法來增加吸引力，都未嘗不可。

大阪府選區關注度大

太田房江今次重回大阪市，為接替退休的自民黨現任參議員柳本卓治的席位，作為前大阪府知事，加上是全日本首名女知事，其高知名度在選舉中真是大派用場，早幾天安倍晉三更為她站台，我相信她連任的問題不大。

日本維新會一向在大阪的支持度都高，根據《朝日新聞》就大阪選區的調查，自民黨和日本維新會的支持率高達19%，公明黨是7%，立憲民主黨是4%。由數據分析中可見，日本維新會的基本支持者都多，而且在第23屆及第24屆參議院選舉，日本維新會的表現都非常好，在第23屆現任議員東徹的得票超過100萬，他們在第24屆更連贏取得兩個席位。所以我認為正常發揮下，東徹絕對有機會帶同新人梅村瑞穗一同當選。

　　席位只得 4 個，如以上候選人都當選，最後一席將會是公明黨與立憲民主黨之爭。公明黨的杉久武是現任議員，而且公明黨作為執政聯盟的一部分，在地區的票源都穩定，只要拿到上屆公明黨石川博崇的接近 70 萬的票數，連任問題不大。相反，立憲民主黨可以用苦戰來形容這場戰役，龜石倫子在 2017 年以「警方非法使用 GPS 全球定位系統作調查」一案為人所認識，並經常在電視節目中作評論工作，在關西地區有一定的名氣，星級參議員蓮舫都為她站台拉票，但今次要在執政聯盟及日本維新會夾擊之下成功突圍，要加多幾倍努力才可成功。

決定日本世襲制的首相大戰

2020 年 9 月 1 日（信報）

安倍晉三辭職的消息一出後，全世界的評論員開始預計誰是「後安倍晉三時代」的接班人，我早於今年 1 月 20 日已在本報預測誰是最佳繼任人選，建議讀者再讀。今次我想簡單講解一下自民黨總裁選舉的相關事宜。

安倍請辭後，首相出缺，依據日本憲法規定，須在國會「指名」一位國會議員擔任首相，稱為「首相指名選舉」。由於自民黨目前在參眾兩院都握有席次優勢，自民黨新任總裁將在國會被指名為第 99 任首相，但因安倍在任期中途請辭，所以新總裁任期只能做到安倍原先任期的 2021 年 9 月為止。

根據日本媒體報道，自民黨將於 9 月 14 日選出新任總裁，9 月 17 日召集臨時國會選出新任首相。簡單來說，自民黨總裁選舉方式可分為兩種，一種是採用計算國會議員票及全國黨員票，目前合計有 788 票左右。

另一種乃因應緊急情況舉行兩院議員總會時，只採用計算國會議員 394 票，及 47 個都道府縣各 3 張代表票共 141 票，總計 535 票來決定總裁人選。在這種方式下可以不用黨員投票。由於安倍辭職，令很多有意挑戰首相之位的人紛紛出

擊，例如前防衛大臣石破茂、前外相岸田文雄和內閣官房長官菅義偉等，用哪一種選舉方式，將直接影響黨內派系的決定。

一般情況下，採用黨員投票的選舉方式，從公告到投票至少要有 12 天以上，以現時亂局，愈快選出總裁愈好，故直接選用兩院議員總會選舉方式是最佳選擇。歷史上亦試過這樣做，例如安倍首次當首相時，就在 2007 年以健康原因請辭，當時自民黨採兩院議員總會選舉方式，選出福田康夫擔任總裁，惟福田後來在 2008 年突然告退，但那時候都是繼續以兩院議員總會方式選出麻生太郎，所以在時間上這是最好的方法，但對於民望高的石破茂來說就非常不利。

在日本政壇，只要贏取到大多數黨內派系支持，就可當首相，正所謂得派系得天下，可是自民黨內的派系非常多，包括細田派（98 位議員）、麻生派（54 位議員）、竹下派（54 位議員）、二階派（47 位議員）、岸田派（47 位議員）、石破派（19 位議員）、石源派（11 位議員）等等。每一個派系都希望能夠贏取最大的政治利益，以致在過渡至後安倍時代期間不出亂子。據日本傳媒報道，政圈及各派系已開始「買邊」，自民黨內部處於「二選一」局面，即菅義偉大戰岸田文雄，兩人都是安倍愛將，相信都是為了延續安倍上任 8 年來推出的財政和貨幣刺激經濟措施。

菅義偉本身是無派系人士，今次問鼎首相之位，將是一場挑戰傳統世襲思維的映畫戲，究竟最終是繼續世襲，還是半澤直樹式的凱旋，真是令人期待。

日本新首相之爭 反核立場成關鍵

2021 年 9 月 29 日（信報）

　　決定新首相誰屬的日本自民黨總裁選舉將於今日（29日）正式展開，現在 4 位候選人，包括河野太郎、岸田文雄、高市早苗及野田聖子已就多個政策議題展開了多方面的論戰。

　　在本月 26 日，4 位候選人參加了由富士電視台舉辦的節目，就日本應否考慮擁有核潛艇這議題進行了討論。我認為源於近期美國、英國和澳洲 3 國組建了「AUKUS」印太安全聯盟，允許 3 國之間進行深入的國防合作，包括在人工智慧、網絡及水下防禦能力等領域，表面為地區安全，實際意圖是想藉此對抗中國，但今次美英聯手幫助澳洲打造核潛艇項目，令到軍備競賽開始走向地域化。日本作為美國政治的追隨者及在《美日安保條約》之下，電視台就提出了日本是否也應該考慮擁有核潛艇。

　　先不理會候選人的回答，我認為美國加速軍備競賽地域化，先賣給澳洲，之後必賣給其他盟友，這只是時間問題，但這必然會走向戰爭，歷史告訴大家軍備競賽是沒有好下場的，最終都是國民受苦。

對此問題，4 位的立場可簡單分為兩派，根據媒體引述河野與高市都支持日本擁有核潛艇，岸田和野田就比較謹慎、沒明確地支持。高市是知名的右翼分子，她會表態支持核潛艇的政治立場一點都不意外，但河野一向以反核為其政治賣點，上次參選總裁時都大打反核，作為日本「零核電之會」的會長，今次竟然高調支持日本應該擁有核潛艇，打倒昨日的我。我認為河野又犯上政治人物的毛病，為了爭取黨內支持核能派系，出賣自己一直的堅持及信念，非常令人失望，而且日本一向是以「無核三原則」自居，即不製造、不擁有、不運進核武器，是日本政府關於核武器的基本政策。

「無核三原則」最早於 1967 年 12 月由當時的日本首相佐藤榮作在國會答辯中提出，日本國會更於 1971 年通過決議將其規定為日本的國策。前首相安倍晉三曾經在出席廣島和長崎原爆紀念儀式時，承諾日本將堅定地堅持「無核三原則」，向著完全廢除核武器和實現永久世界和平的方向努力。安倍這位政治老手都不敢輕易支持擁核，因為預料社會的反應必然會好大，這種反彈足以令一政府下台，所以河野這一步棋究竟想賣什麼呢？

絕不可能一輪分勝負

現在選情沒有一方是大熱，我相信 4 位候選人中不會有人在首輪投票獲過半數選票，必須透過第二輪投票決勝負。自民黨總裁選舉的機制是國會外黨員 382 票，自民黨籍國會議員亦有 382 票，只要拿到 383 票就可直接勝出。但根據日

本媒體報道，預估河野可拿到 280 票以上，但無法拿到過半數的 383 票，所以第一輪投票可能拿到 230 票的岸田，可以在第二輪投票與河野再決一勝負。

我認為在第二輪變數也很多，因為還有約 10% 的黨員未表態，因此，河野並非勝利在望，加上反核這方面的立場，絕對會成為影響關鍵時刻的因素，究竟過去支持河野的反核派會否變節，以及安倍會否呼籲高市的支持者全數支持素來有安倍晉三接班人之稱的岸田，都成為最後直路的亮點。

令 和 6 年 （ 2 0 2 4 ）

嚴重的日本政治獻金問題

2024 年 4 月 8 日（信報）

日本自民黨去年爆發的政治獻金醜聞再度引起社會關注，此次事件也突顯了政治貪腐作為日本三害之一的問題，其餘兩害是大日本主義及父權思想。自民黨近日公布了涉及醜聞的處分對象名單，共有 39 人，這些人都是原本屬於「安倍派」和「二階派」的成員。

對於這些被列為處分對象的人員，自民黨已提請召開黨紀委員會會議，以決定並實施相應的處分措施。然而，我希望大家注意的，是首相岸田文雄和前幹事長二階俊博並不在處分對象之列，這意味著自民黨在處理這一問題上仍存在一定的保護性傾向。

回顧整個醜聞事件，自民黨內部在 2023 年 11 月被揭發為所屬國會議員下達銷售指標，要求他們出售政治募款派對券的行為。這種行為的目的是為了超過銷售指標，以便將多餘的資金以「回扣」的形式返還給議員。但這些回扣資金並未在派閥收支報告和議員政治資金收支報告中登記，從而成為一筆不受監管的秘密資金。

我認為這種政治貪腐行為不僅損害了選民對政治的信任，也對日本的政治體系造成了嚴重的損害，不僅削弱了政府的執行能力和公信力，還限制了公平競爭和社會發展的空間。

一直以來日本派系政治都存在結構性的問題，日本政治中，派系是指由一群政治家組成的團體，他們在政治決策和黨內競爭中扮演著重要角色。這些派系通常由具有共同意識形態或地域背景的政治家組成，他們以維護自身利益和爭奪權力為主要動機，但長時間的派系政治導致了政治家之間的權力鬥爭和勾結，使得政策制定和決策過程失去公正性和透明度。這種權力鬥爭往往伴隨著金錢、特權和影響力的交換，形成了政治貪腐的溫床。

一個明顯的例子是自民黨內部的派系鬥爭。自民黨是日本最大的政黨，長期以來在政治舞台上佔據主導地位。不過，自民黨內部存在著多個派系，如「安倍派」、「二階派」、「岸田派」等。這些派系之間的鬥爭往往圍繞著權力和資源的爭奪展開，而忽視了國家和民眾的福祉。

最令人氣憤的是由於派系的影響力和支持，一些政治家能夠長期佔據重要職位，甚至在醜聞曝光後仍得以保住權力，例如已故前首相安倍晉三。這種長期執政往往使得政治家過於自負和脫離實際，滋生了腐敗和不作為。

我認為以岸田為首的自民黨，需要採取更加堅定和有力的措施。首先，應該對涉及醜聞的人員進行嚴屬的處分，確保公正和嚴肅的態度。其次，自民黨須進一步完善政治獻

金管理制度，提高透明度和監管力度，防止類似事件再次發生。同時，政府和立法機構應該加強相關法規的制定和執行，以打擊和預防政治貪腐行為。

此外，社會各界也應當關注和參與政治體系的監督和改革，不要輕輕帶過，需要共同營造清廉政治的環境。只有通過全社會的共同努力，才能實現政府的清廉治理，滿足人民對公平正義的期望。

環境與文化

令 和 1 年 （ 2 0 1 9 ）

福島輻射污染物何去何從

2019 年 10 月 18 日（信報）

自日本 3 · 11 大地震後，福島核污染問題成了全世界關注的課題。雖然事隔多年，但對日本政府來說，這是一個難以解決的問題。

小泉進次郎自上任為環境大臣後，他多次就福島輻射問題作出其獨特的看法，不但自稱是福島「復興大臣」，更公開反對使用核能，令全國人民覺得小泉是否可為福島作出一些突破。

小泉這種客套話雖然是好聽，但他過去所作的事都是名大於實。上周，強力颱風侵襲日本關東地區，造成多人傷亡；福島縣田村市證實，一批裝有輻射污染物的垃圾袋給雨水沖走，相信已沖出大海了。

根據《朝日新聞》報道，福島第一核電廠事故導致的輻射污染物，全已裝入垃圾袋，存放在一座臨時存放所，約有 2,667 袋，想不到大雨淹沒存放所，其中一批垃圾袋隨著大雨流入 100 米外的河川，恐怕對環境造成影響。日本早前已有官員明言如解決不到，便要把核污染物排出大海，今次真是不幸言中。雖然最終能找回部分垃圾袋，但還有多少在外，真是不知道了。

歷史教訓往往重複發生，日本在 2015 年曾經發生相同的事，當年一場大雨已令有近 400 袋輻射污染物沖到附近的河川裏，其中 163 袋已經破損，80 袋「失蹤」。日本政府多年來都沒有汲取教訓。當年這種垃圾袋有超過 1,000 萬個，多數不像一般核廢處置場設有裝桶和建物遮蔽，大部分只在露天堆放，給大雨沖走，只是早晚問題。

　　再者，處理污染物的人員時常偷工減料，沒有把垃圾袋束緊。有多家日本媒體報道，大部分垃圾袋均沒有好好固定，就是含污染物的泥土可隨時傾倒地上，也沒人理會。可見日本由上而下都是冷對待核問題。

　　這種醜聞足以令全個政府下台。日本政府認為再回收及使用包含污染物的泥土作建設之用，可減少排出大海的機會。這種方法有點自欺欺人及無知，把污染泥土用到道路、防潮堤、海岸防災林、填窪地造陸地、農地、住宅地、工業用地、機場用地、綠地、森林等，豈不是把污染物散布全國？完全不知道安倍晉三政府的思維。

　　反核將是未來的潮流，現代人的危機意識要再加強，核污染造成的傷害是無極限的，希望人類可汲取歷史教訓，不要犯上 1986 年烏克蘭切爾諾貝爾核事故的錯誤。

令 和 1 年 （ 2 0 1 9 ）

正視日本捕鯨問題

2019 年 12 月 28 日（香港商報）

日本是目前世界上最大的捕鯨及食鯨國，並於本年度 7 月 1 日起正式重啟商業捕鯨活動，時隔 31 年再恢復這種商業活動。我認為在現代社會，捕鯨這殘暴行為應該禁止，不可以再繼續存在。雖然捕鯨是日本其中一種歷史產物，但這種行為同那些買賣象牙的所為一樣。日本作出這決定，及主要捕撈對象包括國際捕鯨委員會（International Whaling Commission, IWC）禁止捕撈的小鬚鯨，恐要賠上國際聲譽。

恢復捕鯨出於政治目的

日本內閣官房長官菅義偉指出，因捕鯨與保育不能並存，加上日本 9 月於國際捕鯨委員會大會，提議廢除商業捕鯨禁令遭否決，所以他們才決定退出 IWC。我認為日本政府為了保護某部分利益團體的利益，而與國際價值背道而馳，非常不值得。根據日本 2014 年的研究數字，95% 的日本人根本沒吃過或者很少吃鯨肉，而且 88.8% 的日本人過去 12 個月也根本沒有購買鯨肉食用。

日本年輕一代都沒接觸鯨肉，只有老一輩的日本人對於鯨肉還存有眷戀，日本政府仍然繼續行這一步，明顯是出於政治目的。

應禁止捕鯨

我認為捕鯨成為日本的其中一個文化傳統，與二戰有相當大的關係。雖然日本於繩文時代已經捕鯨，江戶時代更開始商業捕鯨，但是在戰後日本國民缺衣少食，美國駐日盟軍總司令麥克阿瑟（Douglas MacArthur）為解決日本缺乏糧食的問題，將美國海軍艦隻改建成捕鯨加工船，鼓勵日本國民去捕鯨，才使日本走上大量捕鯨之路。

再者，由於好多捕鯨公司都是日本政府的產業，單單靠捕鯨業養活的日本人口接近 10 多萬人，而且日本傳統捕鯨地區大多是自民黨的票源，包括和歌山縣太地町、宮城縣的石卷市鮎川、山口縣的下關等等。首相安倍晉三過去為爭取當區選民支持，曾大力支持解禁商業捕鯨，目的都是用以贏取民心。我認為盲目支持夕陽行業來支持自身政權是非常不智的，雖然禁止捕鯨活動會令到接近 10 萬人失業，但這正正是安倍政府要面對及處理的事，我認為可以考慮提供工作轉型的協助或補貼等措施來解決潛在出現的各方可能性。

世界上所有生命都是平等的，都應該保護，捕鯨這種產業還是留在歷史書中比較好。希望日本政府認真聆聽民意。

令 和 1 年 （2019）

重建首里城及沖繩人的尊嚴

2019 年 11 月 5 日 （信報）

沖繩（Okinawa）在很多人眼中是日本傳統領土，但歷史告訴我們，沖繩曾是一個獨立主權國，名為琉球（Ryukyu），琉球國正正是其政權名稱。

曾經發生 4 次大火

10 月 31 日，當地發生一宗令人非常痛心的新聞——列為世界遺產的首里城（Shuri Castle）遭到大火焚毀，燒毀城內的主殿、北殿及南殿，正殿更燒到只剩骨架。首里城位於沖繩縣那霸市，約建於 13 世紀末琉球國時代，幾百年來都是琉球國的王都所在地。1933 年日本政府把它定為國寶。二戰時，沖繩一役曾遭美軍炮擊，正殿到 1992 年完成修復，2000 年獲聯合國教科文組織列為世界遺產。

對日本及沖繩人來說，首里城的意義非常重大。

資料顯示今次是首里城第五次遭毀壞，當中 4 次都是由火災造成的：第一次毀壞是 1453 年，當時第一尚氏王朝的兩位王子為爭奪王位而發生內訌，城內建築完全燒毀；第二

次火災發生於 1660 年，重建用了 11 年時間；第三次火災發生於 1709 年，正殿、南殿及北殿也遭災毀。

我認為，日本政府應委任沖繩北方對策擔當大臣衛藤晟一即時成立「再重建小組」處理今次事件；還須為全國所有富歷史性建築作嚴格的防火檢查。

今次首里城重建要由 1992 年那班專家再次出手幫助。曾經參與重建項目的沖繩縣立博物館館長田名真之認為，復原團隊要花大量時間研究數百年前的歷史，並重新學習相關的建築技術，才可應付此次重建項目。由此可見，重建過程一點都不容易，特別在於宮中文物，有部分是難以修復，這正正是考驗人類的智慧及耐力的時候，保守估計數年才可完成。

作為世界性及歷史性的建築物，首里城的失火，令人想起今年 4 月 15 日法國巴黎聖母院那場大火。

從日本電視台新聞看見沖繩人對首里城被毀的那種神情，無論年輕人或老年人，這種行為模式可以帶出一個深層次思考——首里城在沖繩人心中到底是什麼？要拆解這個題，一定要由琉球的歷史入手，才可以找到一些線索。

從琉球歷史看沖繩人

琉球擁有自己的語言、文化、音樂、宗教，經歷不同的時代，當中以三山時代最為重要及影響後世。三山時代是指

沖繩本島當時的三個國家，即南山、中山及北山，形式與中國的三國概念相似；三國中，以中山的國力最強。

1429 年，當時已是三山時代末期，第四代中山王尚巴志統一三國，建立第一個統一王朝，史稱第一尚氏王朝。由於當時的中山是中國明朝其中一個藩屬國，所以在 1430 年（明宣宗宣德 5 年），明宣宗正式承認尚巴志統一三山，並賜姓「尚」及賜國號「琉球」。

從此，中山易名琉球，正式開啟琉球的故事。尚巴志建立琉球國後，以首里城為王城。其實，首里這地方一直都是中山的都城，把它定為王城是有其原因；到第二尚氏王朝，首里城仍保持著王城之地位及資格。

經歷尚氏家族統治超過 400 多年，琉球已建立一套獨特的文化，就算琉球現在成為沖繩，不再是一個獨立主權國家，但在人民層面上，琉球人身份的認同也改變不到，琉球留下來的東西，已經融入每個琉球人的生活裏，首里城的存在正好喚起沖繩人過去琉球的輝煌及精神，並提升自身的存在價值；當年以智慧和血汗建成的首里城，把不可能變成可能，還成為世界遺產，這正正體現出沖繩人那種尊嚴及堅強意志。

首里城已建立超過 500 多年，對於這幾代沖繩人來說，地位如神一樣，其代代相傳的故事及事跡如空氣般存在，有如日劇《天皇的御廚》的美軍駐日盟軍總司令（GHQ）代表問由小林薰飾演的廚師「天皇究竟在日本人心中竟然是什麼」一樣，那是一種難以用言語帶出的浪漫及心靈力量。

沖繩人失去首里城而悲痛難過的心情，正如香港很多人都懷念過去香港的經濟輝煌時期一樣，這除了是身份認同的一部分，當中還包括作為人的尊嚴及對那地方的厚愛，因為愛愈深、傷愈痛。

　　過去多次的災難都阻不了沖繩人重建首里城的決心，加上日本人一向對於歷史文物的尊重，每一次都可以令歷史建築物如同火鳳凰一樣重生，我相信，今次首里城也不會例外。

令　和　3　年　（2021）

日本排放福島核廢水的對與錯

2021 年 4 月 24 日（信報）

近日最火熱的話題之一是日本福島核廢水的處理問題，日本政府內閣通過將核電站內大量受放射性物質污染廢水，經過「多核種除去處理系統（ALPS）」處理後的水（簡稱：「ALPS 處理水」）排放入海，計劃於 2023 年開始分階段將核廢水排放到太平洋。我認為此決定非常重要，而且關係到不同國家，想借此機會向大家淺談這國際性事件，以及今次日本政府的決定究竟是否合適。

近期各界充斥著很多非理性的評論，大多來自於內地及韓國，頗主觀及有前設立場，其實現代人要以科學及數據為本，少一點陰謀論，才可看得透。

了解排放的安全性之前，大家需要了解一下 ALPS 處理水，是指透過 ALPS 將核廢水中 63 種放射性核種的大部分放射性核種去除，而不能去除的放射性核種，就是氚（H-3）及小量的碳 14（C-14）。現在 ALPS 處理水存放在不同的儲水罐中，因為儲水罐將在不久的日子存滿，所以有需要排放出大海。我認為日本政府同意及支持東京電力控股有限公司將 ALPS 處理水排放大海的理據有以下方面，包括安全性、透明度及符合國際標準。

第一就是排放的安全性，這也是大家最關注的一項。排放出大海的 ALPS 處理水在正式排放之前，要完成多兩個程序，包括再淨化及稀釋。日本現行的排放監管水平是根據國際放射防護委員會（International Commission on Radiological Protection, ICRP）的建議而訂立的，而且 ALPS 處理水需要稀釋 100 倍以上，令到水中的氚含量不超過國家監管水平的四十分之一（1,500Bq/ 升），即世界衛生組織（WHO）所訂定的《飲用水水質準則》的七分之一。稀釋後，獲得獨立機關原子能管制委員會（Nuclear Regulation Authority, NRA）的批准，才可以正式排放。

第二是透明度，在正式推出政策時，日本政府已對海洋環境的潛在影響進行了一次評估，以及就放射物質的擴散做了模擬測試，此評估以聯合國原子輻射效應科學委員會（United Nations Scientific Committee on the Effects of Atomic Radiation, UNSCEAR）的準則進行。以每年排放的 ALPS 處理水含有 22 兆 Bq 的氚及其他放射性物質作為指標，擴散模擬預測結果為超出氚含量 1Bq/ 升的區域只限於距離福島第一核電站 2 公里內，即使在此區域內的氚含量都是介乎 1Bq 至 10Bq/ 升，低於 WHO 的飲用水準則值（10,000Bq/ 升）。

第三就是客觀的國際標準，自福島第一核電站事故發生後，國際原子能機構（International Atomic Energy Agency, IAEA）的專家工作組先後 16 次到福島視察，公開多份調查報告。其中一份於 2020 年 4 月 2 日發表的報告中，IAEA 專家工作組認為將 ALPS 處理水排入大海或大氣蒸發兩個獲選方案都具有技術可行性，並且能夠在計劃時間內完成。

　報告指出日本政府需要持續的監察，因此，在開始排放前後，將由 IAEA 的專家評估輻射影響及確認設備安全性。

　在國際層面，每個國家都會因自身利益而反對，這是正常的，但如果認真看待以上三方面及相信科學理論的話，也會明白及支持日本政府作出的決定。近期，在國際上開始見到有支持的聲音，韓國近日亦開始改口。韓國外交部長官鄭義溶稱，如日本是跟從 IAEA 的標準程序處理，他們沒必要堅持反對，可見相信科學理據同國際機構的建議是眾人的普世價值，過分的民粹主義反而會令人看不清真相了。當然大眾有這反應都是理解的，過去東京電力的形象及名聲都非常差，而且在日本電影《福島 50 死士》的加持下，一次不忠就足以玩完，所以今次要冷靜思考，才可看到真實的一面。

日本辦京奧精神勇氣值得佩服

2021 年 8 月 17 日（信報）

　　日本東京奧運未開始前，好多人都擔心疫情摧毀將會舉辦的賽事，但奧運進行了數天之後，已經證明今次日本堅持到底的決定是正確的。短短日子已經給予全球民眾好多難忘的回憶，當中包括新增的滑板項目及其日本 13 歲的奧運金牌得主、日本兄妹檔的柔道金牌、香港代表隊的花劍運動員張家朗勇奪金牌等等都是美好的片段，全球彷彿同時進入了和平的時空，沒有什麼大的鬥爭，而我認為日本在此奧運會中再次展現其軟實力及其進步神速的體育事業。

　　首先，日本在開幕禮中以藝術文化角度將自身的文化及思想傳遞出去，當中的主題是「情同與共」（United by Emotion）。東京奧組委稱，期望在開幕式上，「重申體育的意義和奧運的價值，對我們過去 1 年共同做出的努力表示感謝和欽佩，也希望給未來帶去希望。」雖然沒有觀眾入場觀賞，但到場的嘉賓都是重量級，包括：日本德仁天皇、日本首相菅義偉、東京都知事小池百合子、美國第一夫人吉爾拜登（Jill Biden）、法國總統馬克龍等等。在整個開幕儀式，最令我難忘的，必定是在點燃聖火前的表演中那個「超級變變變」環節，短短 5 分鐘內，由 2 名身穿藍色和 1 名身穿全白的演員，上演變裝秀，過程中搭配不同的小道具，再加

上輕快的音效，展示本屆奧運各個項目的圖案，非常生動有趣。運動員進場時穿插各種電玩音樂，相當引人注目，體現出日本電玩文化的威力，以及如何影響世界。

其次，東京奧運中的環保訊息及綠色設計都隨處可見，而且驚喜處處，當中包括奧運獎牌、奧運頒獎台等等。今次奧運獎牌的材料主要是由民眾捐贈的舊手機及其他電子廢棄物提煉而成，頒獎台則是由廢棄的家用塑料回收製成，收集大量塑料後，就以 3D 打印方法完成。

我認為日本這次舉辦了史上最環保的奧運，由不同的細節中都可見識日本人對環保的支持及堅持。在全球疫情之下，環保絕對是人類未來唯一要走的道路，歷史都告訴大家過往的奧運會產生的浪費是天文數字般的誇張。因此，日本才會喊出希望成為「最環保的奧運會」，事實證明日本是成功的。

最後，閉幕禮以日本傳統文化表演為主打，我認為在疫情之下，運動員完全沒有機會體驗到東京的風土人情及感受日本這個國家的風貌，所以閉幕禮以展示「正常情況下的東京究竟是什麼樣子」為主要目的，除了傳統文藝表演之外，再加插了年輕歌手及樂團的演出，突顯出東京是多元文化的大城市。

日本舉辦奧運雖然得到不少負評，但其堅持到底的精神及勇氣，絕對值得人欣賞及佩服。當然當中存在好多政治及經濟因素，但人生往往就是如此，永遠不會一帆風順及盡如人意，克服逆境走下去，反而會更精采。

社會與人權

暴力英雄的啟示

2019 年 10 月 19 日（信報）

全球關注的電影《小丑 Joker》已上映一段時間，坊間不少評論指出，此片美化及合理化暴力行為；對香港市民來說，此片更加有深厚的體會。

我是一系列英雄電影的愛好者，對於這種藝術味濃厚的影片，一向抱持懷疑的態度；故事講述社會的不公平，令主角走上成魔之路，因而吸引我走進戲院細心觀賞。

看完電影後，感受良多，給我腦部好大的震盪，特別在香港這個城市、這個時刻。電影中的一句對白：The worst part of having a mental illness is people expect you to behave as if you don't.，可說是道盡精英主義社會下的人情冷暖和荒謬，對社會「邊緣人」的不合理對待。令我最有感覺的，是主角的殺人行為引發了一場「小丑革命」，從而成為市民眼中的起義英雄。

在現今的社會，每一位市民都過著行屍走肉的生活，如果有幸得以富貴，才可改變人生，但幸運不會經常出現，在長期的壓榨和不公平之下，市民往往都希望英雄出現，以改變現狀，所以英雄電影那麼受歡迎是有原因。不過，英雄不

一定是教科書式的正義之士，好像小丑這種高智慧罪犯都算是英雄，而且英雄往往多與暴力掛鈎。

日本著名電視片集《幪面超人》可以說是所有男性的年少偶像，觀眾由 3 歲到 70 歲都有；故事結構非常簡單，來來去去都是怪獸或外星人要征服地球，幪面超人就以英雄的姿態出來把敵人打倒。幪面超人往往都是以暴力解決問題，而不是與怪獸作理性討論，也不用對話來解決深層次問題。

無論是《復仇者聯盟》或《幪面超人》，合理美化暴力行為是普羅大眾從小到大的其中一種道德教育。在社會建制教育下的價值觀，只要社會規範及秩序結構，都是由正義的群組及人士定義和決定，其暴力的正當性就會無限量放大，而且都會有官方機器背書及鼓勵他們的所作所為。

由日本 1960 年代的反美大遊行上正正體現出，如合理化警方的武力，社會的暴力只會愈來愈多，由行為上的暴力擴展到思想上的暴力。

正義是非常主觀的，視乎你站在哪一邊立場，當年日本皇軍都認為自己是正義的，而給予他們這種想法的就是國家機器。今天，無論你屬什麼政治陣營，暴力行為已愈來愈強烈。

一個政府對民眾的想法完全掌握不到，市民的心聲就會如小丑成魔前的一句對白：You don't listen, do you? 現今世代，人人都是暴力英雄，只在於想不想解放這心中的「小丑」而已。

令 和 1 年 – 令 和 2 年 （ 2 0 1 9 - 2 0 2 0 ）

日本「社會 5.0」的重要啟示

2019 年 12 月 28 日（信報）

在日本，很多國民對於「社會 5.0」（Society 5.0）一詞並不陌生，這新名詞亦引起了全球關注。我想向大家介紹「社會 5.0」對日本及其他國家有什麼重要啟示。

2016 年，日本首相安倍晉三對全世界宣布未來日本願景，提出 2030 年「社會 5.0」方案。安倍認為，日本作為高科技國家的代表，希望可以科學技術為基礎，建立串聯人工智能（Artificial Intelligence, AI）、機械人、物聯網（Internet of Things, IoT）等科技的超智能社會，藉此令日本重返經濟強國的地位。

串聯 AI 機械人物聯網

日本政府描繪的「社會 5.0」全景圖十分清晰，而且提出的目標可行性甚大。這個超智慧社會將會由六大領域構成，包括無人機送貨、AI 家電的普及、智能醫療與介護、自動化產業、智能化經營及全自動駕駛。

過去人類經歷了 4 種社會變化，包括狩獵社會（Society 1.0）、農耕社會（Society 2.0）、工業社會（Society 3.0）及情報社會（Society 4.0）。在「社會 5.0」的規劃下，人類將在網絡虛擬與物理實境融合的世界裏生活，人類與機械人將協作共生，而且產業上，好像農業、工業製造、人類飲食、採購、休閒及移動等，都將在「社會 5.0」時代中達到高效率，從而走向超智慧社會。

德國工業聯合會主席 Ulrich Grillo 曾開玩笑說：「德國還只是 4.0，而日本就已經要推動 5.0 了。」對於日本而言，「4.0」還是「5.0」只不過是技術進步的角力，並非國家層面的競爭。由於安倍以推動「社會 5.0」為帶領日本重返榮光的關鍵，一方面打造全新的社會模式，另一方面希望日本不再依賴人口數量，所以我覺得「社會 5.0」是現代版的明治維新。

解決少子化高齡化問題

18 世紀的明治維新改變了日本，帶領日本走向國際，今次「社會 5.0」如果能夠全面推動，對於解決日本自身的深層次問題料幫助甚大，特別在紓緩少子化及高齡化等社會死結。

根據日本厚生勞動省於 11 月 26 日公布的人口動態統計報告，2019 年 1 月至 9 月期間日本出生人數，較去年同期大減 5.6% 至 67 萬左右，日本人口自然減少達 36 萬人，若此

趨勢持續至 2019 年底，出生人口將創 1989 年以來最大減幅，
長遠下去有滅族可能。

　　再者，高齡社會使日本財政負擔愈來愈沉重，日本內閣
官房健康醫療戰略室次長江崎禎英強調，如果整個社會的觀
念不改，就算把消費稅加到 20%，日本一樣難逃破產，所以
要保持生產力及國家的勞動力，日本只可以走「社會 5.0」
這一條路。

日本教場下的警察

2020 年 1 月 8 日（信報）

「警察」兩字成為 2019 年網上的熱門搜尋詞，日本市民一向對警察有很高的要求和道德底線，為了重新思考日本警察的角色及探索這個富哲學層面的議題，我抽出了 3 個多小時看了一套名為《教場》（教場在日語中指教室）的日劇，而在劇中得到了好大的啟發。

《教場》是日本富士電視台 60 周年的重頭劇集，改編自著名作家長岡弘樹的警察推理小說，講述一班準警察學員如何在日本警察學校中就學，克服由木村拓哉飾演的魔鬼教官風間公親的試驗。以往日本拍了不少以警察為主題的劇集，但以警校為背景及講述人性黑暗面的故事相對較少，劇中帶出的訊息非常震撼，連串金句值得大家反思及自省。

主人翁風間公親經常會問學員「你為什麼要做警察？」，並會引導學員面對自身問題及人性的醜陋面，這種超乎常理的教學手法，目的就是要學員成為正式警察前，已體驗到現實社會中必然發生的事。如果警察沒有此覺悟及訓練好情商（EQ），談何保護受苦的人呢！

社　會　與　人　權

　　根據日本《警察法》第 2 條第 1 項列明，警察是保護個人生命、身體及財產、預防犯罪、鎮壓及搜查、逮捕疑犯、管制交通，負責維持其他公共安全及秩序的公務員。在日本，日本的警察學校雖然有「學校」的名稱，但是實質上不屬於文部科學省管轄的學校教育體系。

　　日本人想成為警察的話，原則上只要接受完義務教育，而且年齡符合當地警察開出的招募條件，就可以報考。這種警察考試算是地方公務員考試。如果考試及格，就可以進入警察學校接受警察教育及訓練。也就是說，就算低學歷人士只要考試及格，亦有機會成為警察，惟警察採用的考試會出高校程度的題目，假如基礎學科能力不足，不太容易考上。

　　再者，日本警察學校的教育非常嚴格，現實情境跟長岡弘樹筆下的描述差不多，所以警察考試及格並不代表一定能當差。此背景下，劇中的學員為求成功畢業，彼此猜疑嫉妒、拉扯競爭，變成敵人，當中更涉及氣體毒殺、縱火、盜竊、毒品及槍械。另一方面，風間公親則扮演適時推一把的角色，借力使力帶領學員解決自己的問題，從而讓學員認真面對難題，清楚了解警察究竟須具備什麼條件，如果達不到請即時退學。

　　看完此劇，我明白到無論什麼地方，警察學校並非培育優秀執法人員的學堂，而是把不合適的人淘汰的場所。因為警察學校是最後一個篩選警察的地方，假如盲目追求好警察而不篩走可能犯錯的警員，只著重射擊能力及武術高超，不關注其心理狀態，對於社會絕對不是一件好事。

況且，如果警察沒了初心，和劇中的學員一樣未成為警察就已立心不良，最終受害的只會是普羅大眾。最後，我希望未來有志投身警察的人士，一定要知道初心是什麼，倘只為利益而做，我會像風間公親一樣建議你即時簽回退學申請表，因為你沒此資格。

令 和 1 年 – 令 和 2 年 （2019-2020）

日本新現象自肅警察

2020 年 5 月 13 日（信報）

2019 冠狀病毒持續在日本蔓延，當地政府數據顯示，截至 5 月 11 日 46 個都道府縣累計確診病例逾 1.6 萬個，超過 600 人死亡。東京都累計近 5,000 人感染，近 200 人病歿。日本首相安倍晉三於 5 月 11 日在眾議院表示，鑒於目前疫情邁向緩和，政府已在規劃除了 13 個「特定警戒都道府縣」外的 34 縣，可能一次過解除「緊急事態宣言」，但仍待聽取 5 月 14 日舉行的專家會議後，再作最後判斷。

疫情露出曙光之際，日本出現了一種名為「自肅警察」的新社會現象，經我研究後，發現這新名詞由當地網民創作，「自肅警察」是指一班自恃正義、要求他人或店家「自肅」（自我克制）的人。「自肅警察」並不是真正的警察，只是看到有人或店家在疫情下不自律，便敦促這些人或店家「自肅」（自我克制不出門或不開店）的正義狂人。

我選了兩個案例和大家分享，第一個是位於東京都杉並區一間有樂隊演奏的餐廳，由於要配合東京都政府的停業籲請，所以從 4 月起已暫停營業，雖然沒有開放顧客進場，但這家餐廳於 4 月 26 日邀請歌手舉辦一場「無觀眾」的現場演唱會，並把現場畫面透過網絡直播分享。結果，就在演唱

會直播期間，「自肅警察」出現在餐廳門口貼上警告紙條，上面寫著「請你們自肅，下次再讓我發現，我就叫警察來」。事實上，東京都政府表示只要不開放顧客入場，單純以網絡直播方式舉行演唱會，並做好防疫對策就沒有問題，加上這間餐廳也做好了讓空氣流通及消毒等措施，故東主對於「自肅警察」的誤解，感到非常遺憾。

第二個例子是福井市的一間餐廳，在社群網站被「自肅警察」批評是一間有店員感染新冠肺炎的餐廳，這消息透過網絡快速擴散，許多顧客紛紛取消訂位，更有不少人打電話促請餐廳關門。

「自肅警察」的出現，可引申出無限問題，「自肅警察」對疫情及經濟感到不安，增強了自己「無法容許他人行為」的怒氣。「自肅警察」只要看到外來地方的車牌，人潮聚集的餐廳，稍微咳嗽的人，都會認為是敵人，而且抱有強烈「必須要把敵人趕走，這就是正義」的想法，將敵人趕絕。

每個人的正義都有不同標準，如同日本電視動畫《新機動戰記 GUNDAM W》中的角色張五飛，當年覺得他滿口正義令人十分反感，可是現在回想起來，原來張五飛是智者，看破了社會的真相及人性。

「正義是由我來決定！」

這種「自肅警察」現象在香港也有出現，首先是在疫情剛爆發時，很多市民感到恐慌，見到有人沒戴口罩時，敏感

神經立刻跳動，直斥其非，保護自己之餘，亦希望每人都做好防疫工夫。這種現象的出發點良好，亦無惡意，但長遠可能造成社會進一步撕裂，特別是如今香港政治兩極化，深黃與深藍人士因口罩問題，在巴士大打出手的情況偶有發生。

必須留意，無論是日本抑或香港的「自肅警察」，若發放與事實不符的謠言，很容易觸犯散布不實訊息法例而惹上官非，我希望大眾保持冷靜，仔細分析正確資訊，不要以正義之名捕風捉影，最終害人害己。

嚴肅的日本網絡欺凌問題

2020 年 6 月 11 日（信報）

網絡欺凌問題在全球相當嚴重，由於每一個人都可以透過網絡世界發表自己的想法，而且可以毫無保留地評論他人，這種自由放任風氣往往成為欺凌工具。傳統的欺凌，大多是指校園內的拳頭，但網絡出現後，每一個人均可以成為欺凌者或被欺凌者。

在日本，近年不少人關注網絡欺凌問題，最令人深刻的一定是日劇《3 年 A 班——從此刻起，大家都是我的人質》，劇中帶出網絡欺凌的可怕，如何令受害人恐懼、不快和失去自信，嚴重的可能萌生自殺念頭，尤其是當一群人聯合起來，持續地奚落、蔑視或貶低受害人，特別是涉及性的指控，所造成的傷害往往很大。雖然該劇引起一時熱話，但人類很快便淡忘了。

上月 23 日，日本發生了一宗自殺案，案中的死者是參與日本戀愛真人秀《雙層公寓》的 22 歲日本女子職業摔角選手木村花。她自尋短見的原因是承受不住網絡言語欺凌，失去人生意義。根據媒體報道，她輕生前曾在社交網絡發文，透露每日收到 100 則來自世界各地的攻擊，覺得受到傷害。這次事件對日本社會產生了很大衝擊，引起當局高度關

注，日本總務大臣高市早苗表示，政府有意就網絡欺凌修例，抑制相關惡意言論，預料年底前推動修法。疫情下日本人多了時間認真思考網絡欺凌的問題，可說是不幸中的大幸。

根據現行日本《供應商責任制限法》，遭到網絡欺凌的受害者可要求網絡供應商公開欺凌者的資料，但供應商通常會以私隱為由拒絕大部分申請，可見日本政府提出修例只能減緩欺凌行為，不可完全杜絕。

除了日本之外，南韓曾有多名女藝人疑因受到網民惡意攻擊而自殺，當地政府遂推出法案，例如以實名制留言的《崔真實法》。可是事實告訴大家，推出什麼法案都注定失敗，皆因惡評文化已成為人類不可缺少的一部分，透過鍵盤，每一個人都可不負責任地隨便留言，獲取心靈上的快感，我認為有人類的地方就存在欺凌，要令劣行完全消失，大眾一定要從根本教育著手，才可改變這種劣質風氣和文化。

解構日本成立國際金融中心的可行性

2020 年 11 月 4 日（信報）

香港向來是公認的國際金融中心，惟我最近看到一則日本新聞，日本副首相麻生太郎指香港在《港區國安法》下已失去國際金融中心的吸引力，認為日本可取而代之成為亞洲唯一的國際金融中心及考慮為全球銀行業務建立特別經濟區。

根據英國《金融時報》報道，日本政府希望制定吸引香港金融人才的方案，包括提供快速工作簽證及免費寫字樓等，除了招攬人才，亦想吸引在港的基金公司遷往東京，使東京發展成為亞洲金融中心。然而，根據多間日本媒體報道，日本政府考慮到東京多地震災害及疫情風險等因素後，轉變了選址方向，覺得關西的大阪或九州的福岡才是理想的地點。日本當局表示，大阪擁有統一交易金融衍生產品和商品期貨的大阪交易所，福岡的地理位置與亞洲各國接近，兩個地區可令「日本再次強大」（Make Japan Great Again）。

這種理想化的念頭源於 2020 年 6 月，時任首相安倍晉三表明基於香港實施《港區國安法》，冀接收香港金融界專業人才，其繼任人菅義偉也聲言要推動日本設立國際金融中

心，惟說到底這只是安倍的主意，近期只是藉大日本主義及親美派的麻生太郎之口舊調重彈，企圖表態靠攏美國、繼續對抗中國，可是日本要成立國際金融中心，我認為並不可行。

採用成文法非香港普通法

首先，日本是實行成文法的國家，香港則採用普通法，兩種法律系統差異極大，對於英美外資企業肯定是首要考慮。現時包括紐約、倫敦及香港在內的世界金融中心都奉行普通法。

資產管理方面，香港的基金公司多以英式單位信託基金形式成立，依據普通法來管理及調解爭拗，效率非常之高。再者，日本長時間實施負利率，稅制比香港繁複和高昂，種種條件都輸給香港，而且香港作為中西文化融會的大城市，英語是主要溝通語言之一，反觀日本使用英語的普及程度及社會的國際化均偏低，雖然日本和香港一樣崇尚西方文化，但平均有能力用英語溝通的人才不多。當然，制度上的缺點可用政策及時間來解決，但文化的因素卻難以改變。

日本的自我保護意識甚強，特別在職場文化，進駐當地的外資企業為數不多，外企要吸納日本精英加入一向存在難度，當中員工享有職場終生制的福利已令不少外資卻步。

英語及國際化遠遠落後

　　一個國家要建立國際金融中心，不是一兩年就可成事；一個城市欲變身國際金融中心，需要市場及投資者支持，並非政府利用短期政策及移民優惠便可一步到位。雖然日本是亞太經濟最繁榮的幾個區域之一，但香港背靠中國內地的優勢，已成為國際投資者繼續投香港信心一票的主要原因，日本現階段要代替香港成為國際金融中心，或許脫離現實。

令 和 2 年 – 令 和 3 年（2 0 2 0 - 2 0 2 1）

《鬼滅之刃》救日本

2020 年 11 月 25 日（信報）

日本近年以「安倍經濟學」掛帥，雖然成功令到日本走出多年的困局，但在新冠病毒疫情下，經濟再次受到重挫，不單止東京奧運要延期至 2021 年，而且國內多個行業都叫苦連天，當大家都非常絕望之際，著名日本動漫《鬼滅之刃》電影版的上映，正正成了日本各行各業的超級救星。

《鬼滅之刃》由日本謎一樣的漫畫家吾峠呼世晴操刀，描述主人翁竈門炭治郎的家被惡鬼攻擊，家人遭屠殺，唯一幸存的妹妹也變成惡鬼；他為了尋求讓被變成鬼的妹妹復原的方法，踏上斬鬼之旅的奇幻及熱血故事。去年改編成動畫後爆紅，其劇場版電影《無限列車篇》更於今年 10 月 16 日在日本正式上映，上映多日已打破多項票房紀錄。我亦是這動漫的支持者，雖然還未有機會去欣賞此電影，但這動漫影響的社會風氣都值得去探討一番。

動漫一向是日本最自豪的軟文化產業，其產生的經濟效益卻是有限，但今次疫情下反而成了靈丹妙藥，相信作者本人都意想不到自己成了國家民族英雄，因疫情而大受衝擊的電影院、漫畫店及食肆都成功借「鬼滅」翻生。有部分電影院更全日只上映一部電影，也令行內出現了名為「非鬼滅之

刃電影」的類別。在經商方面，任何商品只要加上「鬼滅」都會大賣及吸引粉絲的追捧，例如：罐裝飲品、即食麵、衣服鞋襪等等，正因產品太多元化，令到不少行業都想乘坐這台「無限列車」賺回過去數月所失去的利潤。

正當商家不停推出全新產品之際，日本近期興起了「鬼滅貧乏」一詞，意指瘋狂購買相關商品而導致貧困。早前日本有一有趣報道：一個日本家庭，兩名女兒受父親的影響，瘋狂迷上《鬼滅之刃》，每次她們一見到相關精品就渴望購買，由於父親也是粉絲，所以都會主動買下來。結果不知不覺間全屋都是「鬼滅」的蹤影，令全家陷入貧窮的境地。我認為只要看過此動漫後，很自然會迷上當中的角色，對於社會出現「鬼滅貧乏」不感到驚訝，因為此作品中很細緻地描繪出人性的高貴，而且角色的內心世界更加令到大眾產生共鳴。

首先，男主角炭治郎殺了惡鬼後，也會希望他們安息和放下，以及主動了解惡鬼的苦衷。其次，他守護妹妹禰豆子的信念更是令人動容，這兄妹之間的親情及羈絆成為作品的主軸，而且此作品道出人性本善，成為惡鬼都源於貪婪、仇恨及執著，所以透過主角的成長及經歷，像走了一次人生的道路，無論是成人及兒童都可以有得著。

每一套動漫會成為經典，劇中的金句絕對起了非常大的作用，當中「弱者沒有權利，無從選擇。所以，我們要成為強者，用強者的力量去保護弱者」及「心，是人類的原動力，強大的心是無邊無際的。我們就用這樣的原動力，朝向明日前進」。此兩句最值得分享一下，我認為主角由弱勢社群到

強者，證明到只要自身的努力及內心的強大，誰都能改變自己；負能量除了傷害自己之外，什麼都做不到。

回想過去 1 年的香港，多場政治事件及疫情都令每個人的負能量增加不少，對於未來走向存在著很大疑問，但我認為這套動漫絕對是當下最好的心靈雞湯，希望大家可在劇中找回勇氣及初心，能夠在此艱難時刻迎難而上。

日劇悟人性

2021 年 1 月 8 日（信報）

近期全世界的疫情愈來愈嚴重，我留在家的時間多了，除了照顧愛女之外，多了時間追看一些日本劇集。我最近看了兩部日劇，一部由 Netflix 開拍，名為《今際之國的闖關者》，另一部就是由日本男神木村拓哉主演的《教場 2》。兩部劇集的故事雖不同，但都有一個共通點，就是探討人性的陰暗面。

《今際之國的闖關者》這套劇近期非常火熱，除了是大製作之外，最重要的是以遊戲過關這東西來決定生死。《今際之國的闖關者》是講述由山崎賢人扮演的主角有栖良平與好友們意外進入了一個如東京街頭一樣的異度空間，必須靠著贏取死亡遊戲才能生存的奇異故事，而每一場遊戲都是一個人性考驗。《教場 2》則是上年度的日劇《教場》的續集，我曾於本報淺談其故事及主人翁風間公親如何以自身的標準及方法來選出不合適做警察的學員，適逢當時香港處於大量街頭暴動及嚴重的警民衝突，這劇對於「警察是什麼」有重新的啟示，建議各讀者讀一下。

自私表露無遺

我認為近年以人性探討為主的作品都是大賣，原因在人類對於陰暗面的好奇及關注。這一場疫情給予世人好多新的警示，首先所有發達國家在處理防疫上都是失敗，而且不同國家的國民其自私性都在疫情下表露無遺。

日本作為亞洲首個進步國家，政治上的處理及無聲仿有聲般的防疫措施，都令到世界震驚。由「一家庭兩口罩」到「安倍迷你口罩」都體現日本政府的無能，而我認為日本人本身就存在一定的深層思想矛盾，他們那種後天訓練出來的機器式社畜文化及怕阻礙人的心態，雖屬美德，但內在的人類本性一點都沒變，所以大家還可繼續在新聞見到日本國民於萬聖節、聖誕節及除夕，在涉谷街頭聚集及玩樂，正宗示範了何謂「今朝有酒今朝醉」。

這種自私行為本就是人類的天性，無論後天如何訓練及克制，一到影響自身利益，身體中的本性就會顯露出來。因此，日本新冠肺炎疫情愈來愈嚴重，不是國民質素問題，只是人類重複犯錯的體現。

正因如此，好多劇本都會以人性的真實面來作為表達故事的手段，因為可以給予觀眾無限量的思想空間，如發生在自己身上，會否出現故事中的「出賣」、「背叛」、「騙言」、「利用」、「報復」等行為，當然故事使用這手法都是希望導人向善，以反差來說出人性的醜惡。我認為這是一種非常好的教育，透過軟文化的方式來傳達正確的思想，如同《鬼滅之刃》一樣。

人類天生有種幸災樂禍的心態，以香港人的說法就是「睇人跌倒最過癮」，而近年的劇集真實性好大，並富有啟蒙思想的作用，很多劇集都以人性黑暗面來道出社會的不公及敗壞。觀眾都將自身的經歷及社會發生的事投射在劇集中，一方面希望得到心靈的慰藉，其次就是想尋找現實社會中遇到的問題的解決方法，正如《今際之國的闖關者》一樣，劇中大玩的生存遊戲，當中的矛盾及思維放在現今社會都是合適的，所以看劇集說不定可以保命，更能夠悟出自己未來的道路。

森喜朗風波未平息

2021 年 3 月 1 日（香港商報）

　　東京奧組委、東京殘奧組委前主席森喜朗歧視女性風波，令到全世界再次關注日本男權社會等問題，事件主人翁森氏事後宣布辭職，輿論壓力之外，亦是因森氏認為最重要是在今年 7 月舉辦的東京奧運會，不希望自己成為障礙，這次風波雖然好似告一段落，但風波過後的延續問題將會陸續出現。

新接班人可能只是傀儡

　　首先他的接任人順利由前奧運大臣橋本聖子接任。現年 56 歲的橋本聖子，以前是速度滑冰及單車運動員，先後參加過 4 屆冬季奧運會及 3 屆夏季奧運會，這一次任命明顯是當局希望用女性及前運動員身份的橋本來擔任奧組委主席一職，以平息今次的歧視風波，但我擔心此任命只求公關結果，內部還是一樣沒改變。在選出新接任人選時，曾經出現小插曲，指日本足總前會長川淵三郎受到森氏的「祝福」，希望由他接任及再聘請森氏作顧問，繼續延續森氏的權力。當然，森氏的計策最終未能成真，川淵在壓力下，已高調表

明拒絕接任，因為怕被冠上黑箱作業的臭名，但橋本有機會只是傀儡主席，實權繼續留在一眾全男班的副主席手上，由於森氏的政治勢力強大，繼續在幕後發功的可能性還是存在。

女性難突破日本政治階級

其次，就是女性政客的參與度相信會愈來愈大，而且更富話題性，雖然現在日本還是走「老男人」的政治路線，一層一層的政治階級令到女性政客難有發揮，有的可能只是「政治花瓶」，當然在現今日本政壇都有幾位常傳有機會成為首名日本女首相的人選，但都是炒作味道比較濃厚，可行性不大。當然在最近風頭火勢之下，自民黨都為保形象，聲稱會給予 5 位女性國會議員參與黨內高層幹部會議的機會，但我認為可能全程沒發言權，只在旁以觀察員的身份旁聽，意義不大。對於以幹事長二階俊博為首的政客來說，給予女性旁聽已經是非常大的讓步，但他們並沒有意識到拒絕女性發言都是歧視的行為，而且這「重大讓步」已經令到黨內的女性黨員心感不滿，及充斥著不滿的聲音。

正因如此，我才認為今次的風波會繼續發酵，但明白到自民黨作為日本的政治象徵，有著根深柢固的規範，一時間要改變是極其困難，相信對於日本傳統政治精英來說，這次設立「觀察員」已經是一大讓步。日本政治有趣的地方就是這種似新似舊的東西，雖然日本是民主國家，但不是百分百走西方那一套道德規範，他們還保留了其傳統文化及思維方

式，可是這是否令到國家成功？他們曾經成功過，即是其政治及文化相合而成的操作是有可取之處，完全走美國那一套卻有可能成了另一個印度，政府難以推動及下達政策，難以改善國家及國民生活。當然追求進步是必要的，如何令到民族或國家再強起來，新世代的普世價值絕對要吸收及知道，如何融入傳統價值觀肯定是日本最大的課題。

日本難現女首相三大原因

2021 年 9 月 14 日（信報）

　　正所謂政治一日都嫌長。政壇變幻莫測，早前我認為日本首相菅義偉要爭取連任一點都不容易，想不到發表文章後不足 1 星期，菅氏就宣布放棄今月 29 日舉行的自民黨總裁選舉，故此我想借此機會淺談一下未來的首相有機會是誰呢。

　　菅氏的民望插水式下滑，國民對他的信任度接近零，他突然放棄競選，相信背後受到自民黨的壓力。

　　菅氏棄選後，傳出有機會參選的都是「熟口熟面」的政界人物，包括岸田文雄、河野太郎、石破茂等等，只有前總務大臣高市早苗是新面孔，而且女性參選，話題性十足。

　　高市早苗會否成為日本史上首位女首相，坊間認為機會存在，大家都認為她得到前首相安倍晉三的支持，但我不認同這想法，因為女首相只會存在於報紙及網上留言的標題中，她難以成為女首相有三大原因。

　　第一，安倍當年以身體問題為由辭職，其後力挺菅義偉為接任人，明顯是想做「太上王」，一方面避開疫情的政治

責任，另一方面可以繼續影響自民黨及政府運作。但是，菅氏明顯不如安倍所想那麼聽話，故此安倍打算複製多一次「安倍造王術」，菅氏與高市一樣都是無派系議員及前安倍內閣成員，而高市比菅氏更保守，路線不但與安倍一樣「反中挺台」，堅持參拜靖國神社等大日本主義，她競選時更明言要延續「安倍經濟學」及修改日本憲法第9條，把「自衛隊」改為「國防軍」。簡單幾句就已經感覺到高市只是安倍的傀儡，之前用「令和大叔」招徠，現在就用女首相來吸引眼球；可是菅氏內閣失敗後，我認為自民黨內都不願意安倍繼續指點江山，菅氏本人也明言希望黨內的支持者改為支持河野太郎，加上不少派系盛傳力挺河野，所以安倍想再次造王絕對不易。

第二，高市雖然是資深議員，曾任總務大臣多年，了解行政制度、地方自治等等，可是這位成就多個「第一次」的女政客，她的保守政策絕對不符合現今世代的普世價值，她反對同性婚姻、反對夫婦不同姓、反對母系天皇等等議題。我認為日本作為亞洲其中一個多元化的民主國家，在男女平權問題上竟沒一點改善，身為女性的高市，不但沒支持及改善女性社會地位，還要加劇這種不公及差距，亦有違自己女性代表的價值，更違反1965年自民黨制定的《自民黨基本憲章》，該憲章第一章題為「人間的尊重」，「人存在即尊貴，人本身是目的而非手段」。

第三，就是日本傳統父權社會的思維下，日本傳統女性一直都是主內，不少日本男性對女性在職場搶工作，多少抱著敵對的態度，特別是政界這個權力鬥爭激烈的範疇，所以

高市要成為一國之首，在日本可說是天方夜譚，但最令我覺得高市矛盾的，是她作為女性政客，估計曾被男政客歧視及敵視，應會深深體會男女平權的重要，但她的言行卻相反，令人摸不著頭腦。

事實上，無論誰做日本新當家，分別都不大。日本一天擺脫不了大日本主義，只懂繼續跟著美國走，中日關係恐怕會愈來愈差。

令 和 3 年 - 令 和 5 年 （ 2 0 2 1 - 2 0 2 3 ）

簡談日本男女地位問題

2021 年 11 月 25 日（信報）

近期香港傳奇人物電影《梅艷芳》上映，令到很多香港人再度關注這位一代巨星的點點滴滴，當中包括她與日本巨星近藤真彥的感情事，港人往往對別人的情史感到濃厚興趣，因此再次談論近藤的「渣男史」。我認為所謂的「渣男史」其實可以反映日本社會長時間以來男女不平等的特點，這問題值得和大家淺談一番。

根據日本富士電視台 3 月 31 日報道，世界經濟論壇發布《全球性別差距報告》，在 156 個國家及地區中，日本排名由 2019 年的第 121 位微升到 120 位，在發達國家中仍然位居包尾。雖然近年當地政府推出政策希望改善男女差距，例如前首相安倍晉三曾提出「日本再興戰略」，即安倍經濟學的第三支箭，並以支持女性就業作為重要目標之一，但實際有多少成效大家心中有數。

對於自民黨或安倍來說，說幾句口號或推出所謂的支持女性措施，就可得到女性選民支持，何樂而不為？反正在從政人眼中，這個國家的國民都非常安份，不會作出什麼危害他們利益的事情，而且很快就會忘記政客承諾，這種想法經常在日劇出現。

反過來說，由於日本人大多受到武士道思想的影響，正如美國學者露絲班尼狄的作品《菊與刀》所說，無論在階級及男女的社會主要角色都有明確的界定，雖然日本也吸納了中國儒家思想，但在武士道及男尊女卑的框架下，其男女職責分明，經過千年的沉澱後，形成了現在日本的核心社會文化。除了語言上的分別之外，作為現代的職業女性也不容易，不少行業都有禁止女性從事的職業，而且是「強烈禁止」，例如歌舞伎等傳統行業。

　　再加上社會上還有許多不成文規定，所以對於一眾女權主義的支持者來說，他們想打破這種所謂的不公，但我認為每一個地方的政治、文化底蘊都不同，不可能完全百分百複製過來。這正好似當年香港很多親美政客，希望中國走西方的民主制度才算是真正的民主一樣，而除了達到其政治目標，在過去幾年不停製造社會分化及暴亂，其實這想法及行為真是低智及沒水平，正如中國國家主席習近平在中國共產黨與世界政黨領導人峰會發表的講話，習主席指出「實現民主有多種方式，不可能千篇一律」。正正是這種思維方式，我認為要改善日本的男女地位是可以，但百分之百與西方對等是非常困難。

　　正因如此，亞洲地區中的父權社會或男系社會，男性犯錯後自然多改過機會，這情況在香港都是存在，只是香港的女權力量比日本較大，所以在港男藝人犯下不倫等事大多沒機會再發展。日本的女權力量不太明顯，大部分男藝人無論有什麼不倫事件，他們都可以重新出發再發展其事業，說不定比事件發生前更加受歡迎及有人氣。

　　再者人生的道路上難免會出現一些感情缺失，愛情更不在話下，但如何在缺失中走回正道，不是拍一兩次拖就可以領悟到，所以無論是渣男或渣女都只是道德主義者及一些從沒有感受到愛情的人的偽命題，真真正正要走向公平是要全個國家及人民一同推動，而非道德主義者可以左右。

淺談日本少子化問題

2023 年 3 月 7 日（明報）

早前日本厚生勞動省公布，2022 年日本出生人數速報值（未經修正及驗證數字）是 79.97 萬，較 2021 年減少 5.1%，有關數字更是自 1899 年以來首度跌破 80 萬大關。日本首相岸田文雄指出，少子化問題已到了非常嚴峻的情況，將會就相關問題再推出不同措施。

我認為，日本少子化是一個非常複雜的問題，它並不單純涉及人口問題，當中還牽涉到社會、經濟、文化等多個方面。故此，我想藉此機會淺談一下這問題，及日本政府推出了什麼措施來解決。

少子化是指由於出生率下降，導致人口減少、老齡化加劇而帶來的問題。日本的出生率已持續下降多年，而且這個趨勢仍在繼續。日本曾經是個高生育率的國家，二戰結束後，曾迎來一波嬰兒潮：1947 到 1949 年，該國生育率高達 4.35（1 名女性一生中生育的孩子數量的總和生育率），這也是日本在過去半個多世紀以來的生育高峰。

在此次生育高峰後，日本的出生人口數和生育率開始逐年下降，直到上世紀 70 年代反彈，迎來第二次嬰兒潮：

1971 到 1974 年，生育率超過 2。但由 2000 年代開始，出生率就徘徊在低水平，現時只有 1.3，距離公認的世代更替水平 2.1 仍有一定距離。

在社會及經濟層面上，少子化問題已經導致明顯的日本社會結構變化，老年人的比例增加，年輕人比例減少，據統計，目前日本 65 歲及以上人口已經佔總人口的接近 30% 之多。這不但影響到社會的穩定和發展，而且老人的人口不停增加，社會保障的支出亦會隨之增加，這將給國家財政造成巨大壓力。此外，少子化問題還會影響到文化——由於人口減少，一些傳統文化和價值觀可能會失傳。

政府四方面應對 惟效果不大明顯

日本政府為解決這重大問題，推動了不同措施，當中包括以下四方面：移民政策、區域振興、技術創新，及工作與生活平衡。

第一，該國政府放寬其移民政策，吸引更多外國工人來解決各行業的勞動力短缺問題，而且為不同外國人創建了新的簽證類別，為他們融入日本社會提供支持。

第二，政府推動區域振興，鼓勵國民在農村地區生活和工作，其中一些措施包括向企業提供補貼、改善基礎設施和支持當地產業。

第三，政府投資於技術創新，以應對老齡化社會問題，包括開發新技術和產品，支持老年人的獨立生活，以及促進醫療保健及醫學領域的研究和發展。

　　第四，在工作與生活平衡方面，政府為鼓勵年輕夫婦生育，提供育嬰津貼、擴大產假等。此外，當局還積極推動女性就業，以提高女性的社會和經濟地位。

　　但好可惜，我認為這些措施的效果仍然不太明顯，岸田文雄政府真是需要繼續努力。如果日本政府希望為該國創造一個可持續的未來，就一定要將固有思想及文化打破，才可找到出路。

令 和 3 年 – 令 和 5 年 （ 2 0 2 1 - 2 0 2 3 ）

校園欺凌屢禁不絕 日本政府須做更多

2023 年 11 月 5 日（香港商報）

最近世局變幻，各種事件頻出，日前我偶然看到了關於日本校園欺凌的報道，藉此機會與大家分享一些想法。

日本文部科學省每年都有一項調查有關校園欺凌事件，根據資料顯示，上年度日本校園欺凌事件接近 68 萬 2 千多宗，是有紀錄以來數量最多的一年。校園欺凌是一個嚴重的社會問題，不僅在日本，全球範圍內都存在，香港當然都存在這問題。校園欺凌除了給受害者帶來了身心上的創傷之外，還對整個學校環境和學生及家長的健康發展都造成了負面影響，是一個迫切需要解決的深層次問題。

校園欺凌可以說是非常多樣化，往往會以多種形式出現，包括言語上的侮辱、身體上的攻擊、排擠和網絡欺凌等。無論是哪種形式，它都給受害者造成了巨大的痛苦和困擾。受欺凌的學生常常感到無助、孤立和沮喪，他們的學習成績和心理健康也可能受到嚴重影響，嚴重者往往會走向輕生之路。

校園欺凌的原因複雜多樣，從日劇及漫畫中都會見到好多千奇百趣的原因，但整體上以涉及個人的心理問題、家庭

環境、社交壓力和學校氛圍等方面為主。然而，不論原因為何，政府及社會大眾都必須採取積極的措施來預防和解決校園欺凌問題。

日本政府的對策

日本政府自上世紀 80 年代開始，一直努力解決校園欺凌問題，並採取了一系列措施來應對，我綜合了以下幾點給大家思考下，探討這些政策是否有作為：

首先，國家層面上主要是由制定法律和政策入手，日本政府通過制定法律和政策來打擊校園欺凌。2013 年 6 月，日本國會通過了《防止欺凌對策促進法》並於同年 9 月在全國實施。該法適用於小學、初中、高中、中專及特別支援學校。基本理念是必須創造兒童安心學習和開展其他活動的環境，教導學生不在校園內外欺凌他人，同時在遇到欺凌事件時不放任、不沉默。在此法案的引領下，日本文部科學省以及各地方政府紛紛提出防止欺凌的方案和舉措。

第二，支援受害者和家庭。日本政府提供了多種支援措施來幫助受害者和他們的家庭，包括設立專門的熱線電話和諮詢服務，提供心理輔導和支持，為受害者提供法律援助和保護，以及幫助他們重新適應學習環境。

第三，教育和宣傳活動。政府通過教育和宣傳活動提高公眾對校園欺凌問題的認識和關注度，在學校教育中加強對校園欺凌的教育，提供相關的培訓和教材給教師和學生。政

府還與媒體和社會團體合作，組織一系列宣傳活動，促進校園欺凌問題的討論，提高有關意識。

第四，加強監管和懲罰措施。政府加強對學校和教師的監管，確保他們積極採取措施預防和處理校園欺凌。同時，政府也加強了對欺凌者的法律懲罰，使其意識到他們的行為是不可接受的，並為受害者提供保護，當中包括日本刑法第204條，故意傷害他人身體或健康的行為，欺凌者可能會被判處監禁或罰款等。

我認為，儘管日本政府已經採取了一系列措施，希望解決校園欺凌問題，而且規定了對校園欺凌的定義、預防措施、支援措施和懲罰措施等。但由於自明治維新以來建立的舊日本社會文化及制度還存在於各個階層及細節中，所以無論政府如何制定相關的指導方針去指導學校、教師和家長在預防和處理校園欺凌方面上的事宜，都是無一點作為。因為日本本身就是一個連呼吸都存在欺凌文化及思維的國度。

未來可做什麼

在未來的日子，我認為日本政府應繼續加強對校園欺凌問題的關注和監管，並與學校、家庭和社會合作，共同創造一個安全、友善、互助的學習環境。

首先，教育機構和學校應該採取零容忍政策，明確告訴學生校園欺凌是不可接受的行為。學校應該加強師生關係，鼓勵學生之間的友善和互助，同時提供必要的心理支援和諮

詢服務。

其次，家庭也扮演著重要的角色。家長應該主動關心孩子的情緒和行為變化，並與他們進行積極溝通。日本家庭的親子關係往往是愛理不理及後知後覺，沒有香港社會那樣直接，家長要樹立良好的榜樣，教導孩子尊重他人、關心他人，擺脫舊日本社會思維的惡習，並幫助他們建立積極的人際關係。

此外，社會和媒體亦應繼續發揮作用，多以這題材創作不同的作品，以鼓勵「愛」與「尊重」的價值觀，同時給受害者和他們的家庭提供支持和資源。當然，媒體應負責任地報道校園欺凌問題，提高公眾對這個問題的認識和關注度。

最後，政府和相關機構應該加強監管和法律保護，制定和執行嚴格的法律，確保欺凌者受到應有的懲罰，同時為受害者提供法律援助和保護。

解決校園欺凌問題需要全社會的共同努力，只有通過長時間的教育、家庭、社會和政府的合作，才能夠創造一個安全、友善、互助的學習環境，讓每個學生都能夠健康成長和發展。我相信只要思維改變，所有國度都會迎來校園欺凌問題終結的一日。

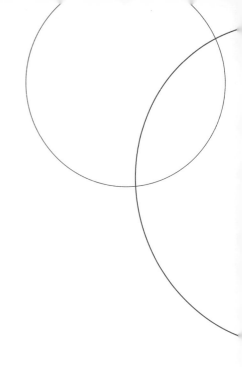

深評東瀛——張遠深時評集

作者：張遠深
編輯：青森文化編輯組
封面設計：Mavis Chan
內頁設計：Dorotheus

出版：紅出版（青森文化）
地址：香港灣仔道 133 號卓凌中心 11 樓
出版計劃查詢電話：(852) 2540 7517
電郵：editor@red-publish.com
網址：http://www.red-publish.com
香港總經銷：聯合新零售（香港）有限公司
台灣總經銷：貿騰發賣股份有限公司
地址：新北市中和區立德街 136 號 6 樓
電話：(886) 2-8227-5988
網址：http://www.namode.com

出版日期：2024 年 6 月
上架建議：日本／社會科學／政治
ISBN：978-988-8868-49-0
定價：港幣 98 元正／新台幣 390 圓正